D1686654

Es war ein König in Thule

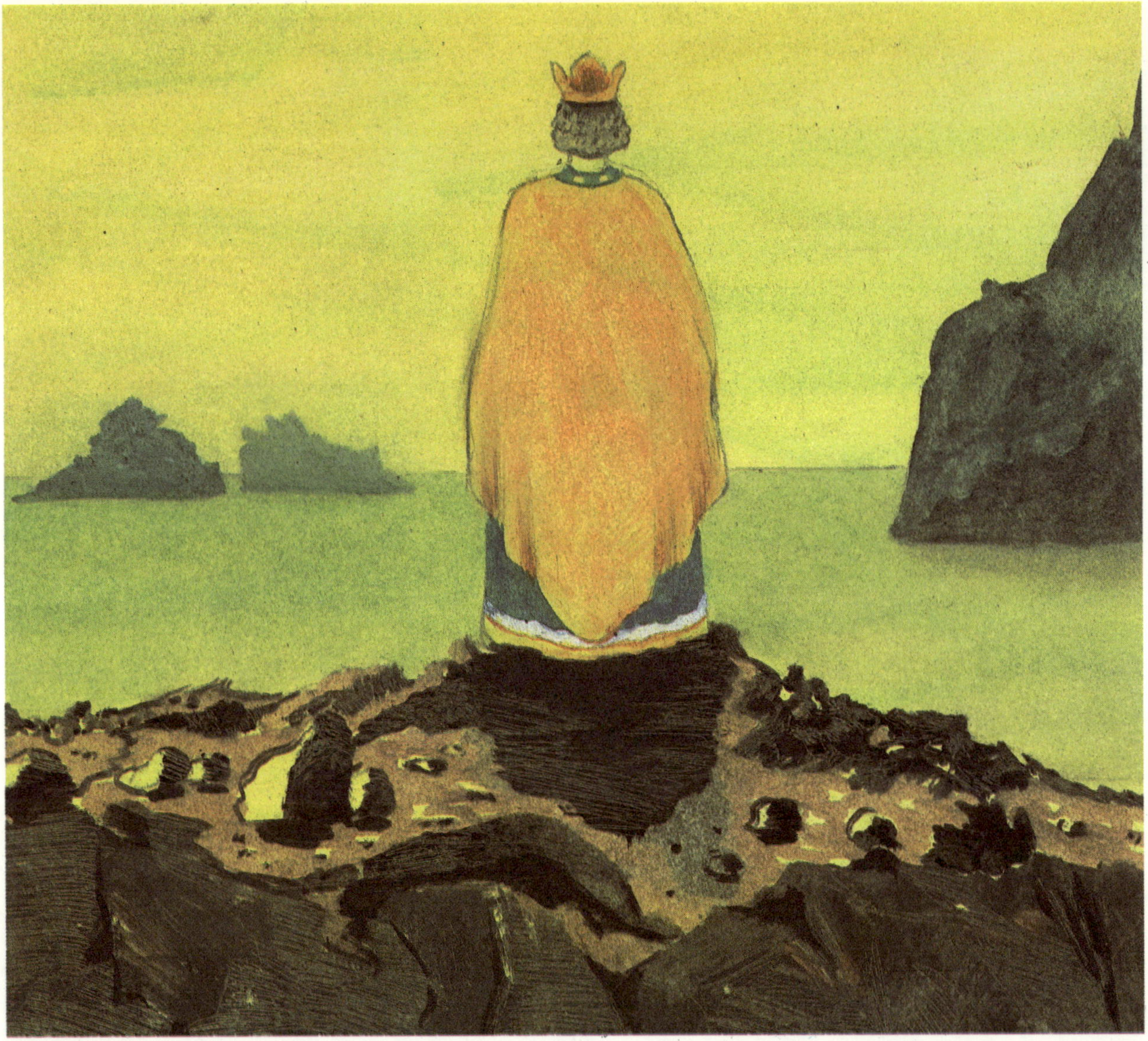

Es war ein König in Thule

– Gedichte erzählen –

Illustrationen
von Hannelore Teutsch

Der Kinderbuchverlag Berlin

Herausgegeben von Edith George

Gottfried August Bürger
(1747–1794)

Die Schatzgräber

Ein Winzer, der am Tode lag,
Rief seine Kinder an und sprach:
„In unserm Weinberg liegt ein Schatz,
Grabt nur danach!" – „An welchem Platz?"
Schrie alles laut den Vater an.
„Grabt nur!" – O weh! da starb der Mann.

Kaum war der Alte beigeschafft,
So grub man nach aus Leibeskraft.
Mit Hacke, Karst und Spaten ward
Der Weinberg um und um gescharrt.
Da war kein Kloß, der ruhig blieb;
Man warf die Erde gar durchs Sieb
Und zog die Harken kreuz und quer
Nach jedem Steinchen hin und her.
Allein da ward kein Schatz verspürt,
Und jeder hielt sich angeführt.

Doch kaum erschien das nächste Jahr,
So nahm man mit Erstaunen wahr,
Daß jede Rebe dreifach trug.
Da wurden erst die Söhne klug
Und gruben nun jahrein, jahraus
Des Schatzes immer mehr heraus.

Das Lied vom braven Manne

Hoch klingt das Lied vom braven Mann,
Wie Orgelton und Glockenklang.
Wer hohen Muts sich rühmen kann,
Den lohnt nicht Gold, den lohnt Gesang.
Gottlob! daß ich singen und preisen kann:
Zu singen und preisen den braven Mann.

Der Tauwind kam vom Mittagsmeer
Und schob durch Welschland, trüb und feucht.
Die Wolken flogen vor ihm her,
Wie wann der Wolf die Herde scheucht,
Er fegte die Felder, zerbrach den Forst;
Auf Seen und Strömen das Grundeis borst.

Am Hochgebirge schmolz der Schnee,
Der Sturz von tausend Wassern scholl,
Das Wiesental begrub ein See,
Des Landes Heerstrom wuchs und schwoll,
Hoch rollten die Wogen entlang ihr Gleis
Und rollten gewaltige Felsen Eis.

Auf Pfeilern und auf Bogen schwer,
Aus Quaderstein von unten auf
Lag eine Brücke drüber her;
Und mitten stand ein Häuschen drauf.
Hier wohnte der Zöllner mit Weib und Kind. –
„O Zöllner! o Zöllner! Entfleuch geschwind!"

Es dröhnt' und dröhnte dumpf heran,
Laut heulten Sturm und Wog' ums Haus.
Der Zöllner sprang zum Dach hinan
Und blickt' in den Tumult hinaus. –
„Barmherziger Himmel! Erbarme dich!
Verloren! Verloren! Wer rettet mich?"

Die Schollen rollten, Schuß auf Schuß,
Von beiden Ufern, hier und dort;
Von beiden Ufern riß der Fluß
Die Pfeiler samt den Bogen fort.
Der bebende Zöllner mit Weib und Kind,
Er heulte noch lauter als Strom und Wind.

Die Schollen rollten, Stoß auf Stoß,
An beiden Enden, hier und dort,
Zerborsten und zertrümmert schoß
Ein Pfeiler nach dem andern fort.
Bald nahte der Mitte der Umsturz sich. –
„Barmherziger Himmel! Erbarme dich!"

Hoch auf dem fernen Ufer stand
Ein Schwarm von Gaffern, groß und klein;
Und jeder schrie und rang die Hand,
Doch mochte niemand Retter sein.
Der bebende Zöllner mit Weib und Kind
Durchheulte nach Rettung den Strom und Wind.–

Wann klingst du, Lied vom braven Mann,
Wie Orgelton und Glockenklang?
Wohlan! So nenn ihn, nenn ihn dann!
Wann nennst du ihn, mein schönster Sang?
Bald nahet der Mitte der Umsturz sich.
O braver Mann! braver Mann! Zeige dich!

Rasch galoppiert' ein Graf hervor,
Auf hohem Roß ein edler Graf.
Was hielt des Grafen Hand empor?
Ein Beutel war es, voll und straff. –
„Zweihundert Pistolen sind zugesagt
  Dem, welcher die Rettung der Armen wagt."

Wer ist der Brave? Ist's der Graf?
Sag an, mein braver Sang, sag an! –
Der Graf, beim höchsten Gott! war brav!
Doch weiß ich einen bravern Mann. –
O braver Mann! braver Mann! Zeige dich!
Schon naht das Verderben sich fürchterlich. –

Und immer höher schwoll die Flut;
Und immer lauter schnob der Wind;
Und immer tiefer sank der Mut. –
O Retter! Retter! Komm geschwind! –
Stets Pfeiler bei Pfeiler zerborst und brach.
Laut krachten und stürzten die Bogen nach.

„Hallo! Hallo! Frischauf gewagt!"
Hoch hielt der Graf den Preis empor.
Ein jeder hört's, doch jeder zagt,
Aus Tausenden tritt keiner vor.
Vergebens durchheulte mit Weib und Kind
Der Zöllner nach Rettung den Strom und Wind.

Sieh, schlecht und recht ein Bauersmann
Am Wanderstabe schritt daher,
Mit grobem Kittel angetan,
An Wuchs und Antlitz hoch und hehr.
Er hörte den Grafen, vernahm sein Wort
Und schaute das nahe Verderben dort.

Und kühn, in Gottes Namen, sprang
Er in den nächsten Fischerkahn;
Trotz Wirbel, Sturm und Wogendrang
Kam der Erretter glücklich an.
Doch wehe! der Nachen war allzu klein,
Der Retter von allen zugleich zu sein.

Und dreimal zwang er seinen Kahn
Trotz Wirbel, Sturm und Wogendrang;
Und dreimal kam er glücklich an,
Bis ihm die Rettung ganz gelang.
Kaum kamen die letzten in sichern Port,
So rollte das letzte Getrümmer fort. –

Wer ist, wer ist der brave Mann?
Sag an, sag an, mein braver Sang!
Der Bauer wagt' ein Leben dran:
Doch tat er's wohl um Goldesklang?
Denn spendet' nimmer der Graf sein Gut,
So wagte der Bauer vielleicht kein Blut. –

„Hier", rief der Graf, „mein wackrer Freund!
Hier ist dein Preis! Komm her! Nimm hin!"
Sag an, war das nicht brav gemeint?
Bei Gott! der Graf trug hohen Sinn.
Doch höher und himmlischer, wahrlich! schlug
Das Herz, das der Bauer im Kittel trug.

„Mein Leben ist für Gold nicht feil.
Arm bin ich zwar, doch ess' ich satt.
Dem Zöllner werd' Eu'r Gold zuteil,
Der Hab und Gut verloren hat!"
So rief er mit herzlichem Biederton
Und wandte den Rücken und ging davon. –

Hoch klingst du, Lied vom braven Mann,
Wie Orgelton und Glockenklang!
Wer solches Muts sich rühmen kann,
Den lohnt kein Gold, den lohnt Gesang.
Gottlob! daß ich singen und preisen kann,
Unsterblich zu preisen den braven Mann.

Johann Wolfgang von Goethe
(1749–1832)

Der König in Thule

Es war ein König in Thule
Gar treu bis an das Grab,
Dem sterbend seine Buhle
Einen goldnen Becher gab.

Es ging ihm nichts darüber,
Er leert' ihn jeden Schmaus;
Die Augen gingen ihm über,
Sooft er trank daraus.

Und als er kam zu sterben,
Zählt' er seine Städt' im Reich,
Gönnt' alles seinen Erben,
Den Becher nicht zugleich.

Er saß beim Königsmahle,
Die Ritter um ihn her,
Auf hohem Vätersaale
Dort auf dem Schloß am Meer.

Dort stand der alte Zecher,
Trank letzte Lebensglut
Und warf den heil'gen Becher
Hinunter in die Flut.

Er sah ihn stürzen, trinken
Und sinken tief ins Meer.
Die Augen täten ihm sinken;
Trank nie einen Tropfen mehr.

Der Sänger

Was hör ich draußen vor dem Tor,
Was auf der Brücke schallen?
Laß den Gesang vor unserm Ohr
Im Saale widerhallen!
Der König sprach's, der Page lief;
Der Knabe kam, der König rief:
Laßt mir herein den Alten!

Gegrüßet seid mir, edle Herrn,
Gegrüßt ihr, schöne Damen!
Welch reicher Himmel! Stern bei Stern!
Wer kennet ihre Namen?
Im Saal voll Pracht und Herrlichkeit
Schließt, Augen, euch; hier ist nicht Zeit,
Sich staunend zu ergötzen.

Der Sänger drückt' die Augen ein
Und schlug in vollen Tönen;
Die Ritter schauten mutig drein,
Und in den Schoß die Schönen.
Der König, dem das Lied gefiel,
Ließ, ihn zu ehren für sein Spiel,
Eine goldne Kette reichen.

Die goldne Kette gib mir nicht,
Die Kette gib den Rittern,
Vor deren kühnem Angesicht
Der Feinde Lanzen splittern.
Gib sie dem Kanzler, den du hast,
Und laß ihn noch die goldne Last
Zu andern Lasten tragen.

Ich singe wie der Vogel singt,
Der in den Zweigen wohnet;
Das Lied, das aus der Kehle dringt,
Ist Lohn, der reichlich lohnet;
Doch darf ich bitten, bitt ich eins:
Laß mir den besten Becher Weins
In purem Golde reichen.

Er setzt' ihn an, er trank ihn aus:
O Trank voll süßer Labe!
Oh! wohl dem hochbeglückten Haus,
Wo das ist kleine Gabe!
Ergeht's euch wohl, so denkt an mich,
Und danket Gott so warm, als ich
Für diesen Trunk euch danke.

Der Fischer

Das Wasser rauscht', das Wasser schwoll,
Ein Fischer saß daran,
Sah nach dem Angel ruhevoll,
Kühl bis ans Herz hinan.
Und wie er sitzt und wie er lauscht,
Teilt sich die Flut empor:
Aus dem bewegten Wasser rauscht
Ein feuchtes Weib hervor.

Sie sang zu ihm, sie sprach zu ihm:
Was lockst du meine Brut
Mit Menschenwitz und Menschenlist
Hinauf in Todesglut?
Ach wüßtest du, wie's Fischlein ist
So wohlig auf dem Grund,
Du stiegst herunter, wie du bist,
Und würdest erst gesund.

Labt sich die liebe Sonne nicht,
Der Mond sich nicht im Meer?
Kehrt wellenatmend ihr Gesicht
Nicht doppelt schöner her?
Lockt dich der tiefe Himmel nicht,
Das feuchtverklärte Blau?
Lockt dich dein eigen Angesicht
Nicht her in ew'gen Tau?

Das Wasser rauscht', das Wasser schwoll,
Netzt' ihm den nackten Fuß;
Sein Herz wuchs ihm so sehnsuchtsvoll,
Wie bei der Liebsten Gruß.
Sie sprach zu ihm, sie sang zu ihm,
Da war's um ihn geschehn:
Halb zog sie ihn, halb sank er hin,
Und ward nicht mehr gesehn.

Erlkönig

Wer reitet so spät durch Nacht und Wind?
Es ist der Vater mit seinem Kind;
Er hat den Knaben wohl in dem Arm,
Er faßt ihn sicher, er hält ihn warm.

Mein Sohn, was birgst du so bang dein Gesicht? –
Siehst, Vater, du den Erlkönig nicht?
Den Erlenkönig mit Kron' und Schweif? –
Mein Sohn, es ist ein Nebelstreif. –

„Du liebes Kind, komm, geh mit mir!
Gar schöne Spiele spiel' ich mit dir;
Manch bunte Blumen sind an dem Strand,
Meine Mutter hat manch gülden Gewand."

Mein Vater, mein Vater, und hörest du nicht,
Was Erlenkönig mir leise verspricht? –
Sei ruhig, bleibe ruhig, mein Kind;
In dürren Blättern säuselt der Wind. –

„Willst, feiner Knabe, du mit mir gehn?
Meine Töchter sollen dich warten schön;
Meine Töchter führen den nächtlichen Reihn,
Und wiegen und tanzen und singen dich ein."

Mein Vater, mein Vater, und siehst du nicht dort
Erlkönigs Töchter am düstern Ort? –
Mein Sohn, mein Sohn, ich seh es genau,
Es scheinen die alten Weiden so grau. –

„Ich liebe dich, mich reizt deine schöne Gestalt;
Und bist du nicht willig, so brauch ich Gewalt."
Mein Vater, mein Vater, jetzt faßt er mich an!
Erlkönig hat mir ein Leids getan! –

Dem Vater grauset's, er reitet geschwind,
Er hält in den Armen das ächzende Kind,
Erreicht den Hof mit Müh' und Not;
In seinen Armen das Kind war tot.

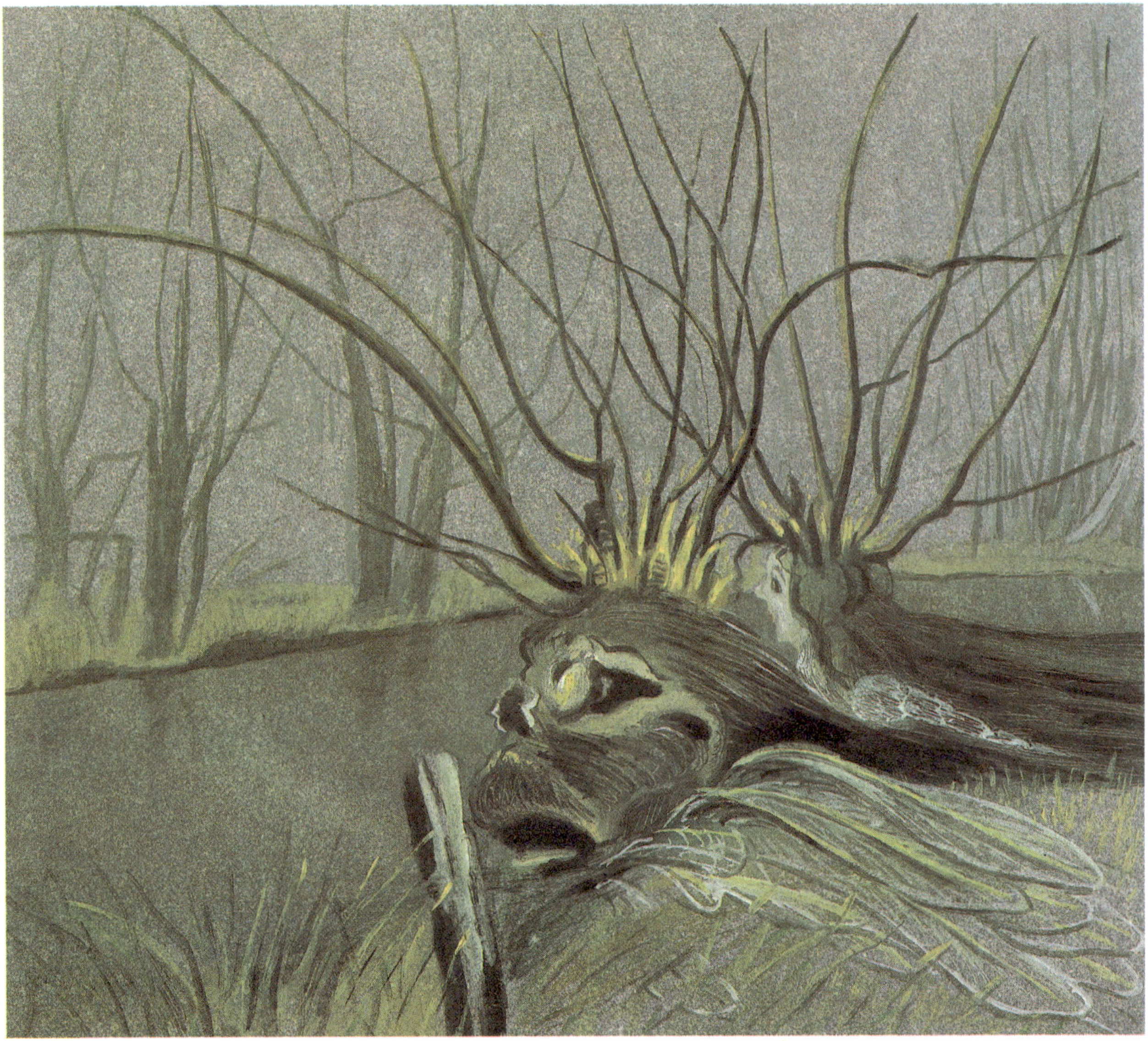

Der Zauberlehrling

„Hat der alte Hexenmeister
Sich doch einmal wegbegeben!
Und nun sollen seine Geister
Auch nach meinem Willen leben.
Seine Wort' und Werke
Merkt' ich und den Brauch,
Und mit Geistesstärke
Tu ich Wunder auch.

   Walle! walle
   Manche Strecke,
   Daß zum Zwecke
   Wasser fließe
   Und mit reichem, vollem Schwalle
   Zu dem Bade sich ergieße.

Und nun komm, du alter Besen,
Nimm die schlechten Lumpenhüllen!
Bist schon lange Knecht gewesen:
Nun erfülle meinen Willen!
Auf zwei Beinen stehe,
Oben sei ein Kopf,
Eile nun und gehe
Mit dem Wassertopf!

   Walle, walle
   Manche Strecke,
   Daß zum Zwecke
   Wasser fließe
   Und mit reichem, vollem Schwalle
   Zu dem Bade sich ergieße.

Seht, er läuft zum Ufer nieder,
Wahrlich! ist schon an dem Flusse,
Und mit Blitzesschnelle wieder
Ist er hier mit raschem Gusse.
Schon zum zweiten Male!
Wie das Becken schwillt!
Wie sich jede Schale
Voll mit Wasser füllt!

   Stehe! stehe!
   Denn wir haben
   Deiner Gaben
   Vollgemessen! –
   Ach, ich merk' es! Wehe! wehe!
   Hab ich doch das Wort vergessen!

Ach, das Wort, worauf am Ende
Er das wird, was er gewesen.
Ach, er läuft und bringt behende!
Wärst du doch der alte Besen!
Immer neue Güsse
Bringt er schnell herein,
Ach! und hundert Flüsse
Stürzen auf mich ein.

Nein, nicht länger
Kann ich's lassen:
Will ihn fassen.
Das ist Tücke!
Ach! nun wird mir immer bänger!
Welche Miene! welche Blicke!

Oh, du Ausgeburt der Hölle!
Soll das ganze Haus ersaufen?
Seh ich über jede Schwelle
Doch schon Wasserströme laufen.
Ein verruchter Besen,
Der nicht hören will!
Stock, der du gewesen,
Steh doch wieder still!

   Willst's am Ende
Gar nicht lassen?
Will dich fassen,
Will dich halten
Und das alte Holz behende
Mit dem scharfen Beile spalten.

Seht, da kommt er schleppend wieder!
Wie ich mich nur auf dich werfe,
Gleich, o Kobold, liegst du nieder.
Krachend trifft die glatte Schärfe.

Wahrlich! brav getroffen!
Seht, er ist entzwei!
Und nun kann ich hoffen,
Und ich atme frei!

   Wehe! wehe!
Beide Teile
Stehn in Eile
Schon als Knechte
Völlig fertig in die Höhe!
Helft mir, ach! ihr hohen Mächte!

Und sie laufen! Naß und nässer
Wird's im Saal und auf den Stufen.
Welch entsetzliches Gewässer!
Herr und Meister! hör mich rufen! –
Ach, da kommt der Meister!
Herr, die Not ist groß!
Die ich rief, die Geister,
Werd' ich nun nicht los."

„In die Ecke,
Besen! Besen!
Seid's gewesen.
Denn als Geister
Ruft euch nur zu diesem Zwecke
Erst hervor der alte Meister."

Friedrich von Schiller
(1759–1805)

Der Taucher

„Wer wagt es, Rittersmann oder Knapp,
 Zu tauchen in diesen Schlund?
 Einen goldnen Becher werf ich hinab,
 Verschlungen schon hat ihn der schwarze Mund.
 Wer mir den Becher kann wieder zeigen,
 Er mag ihn behalten, er ist sein eigen."

Der König spricht es und wirft von der Höh
 Der Klippe, die schroff und steil
 Hinaushängt in die unendliche See,
 Den Becher in der Charybde Geheul.
 „Wer ist der Beherzte", ich frage wieder,
 Zu tauchen in diese Tiefe nieder?"

Und die Ritter, die Knappen um ihn her
 Vernehmen's und schweigen still,
 Sehen hinab in das wilde Meer,
 Und keiner den Becher gewinnen will.
 Und der König zum drittenmal wieder fraget:
 „Ist keiner, der sich hinunterwaget?"

Doch alles noch stumm bleibt wie zuvor:
 Und ein Edelknecht, sanft und keck,

Tritt aus der Knappen zagendem Chor,
Und den Gürtel wirft er, den Mantel weg,
Und alle die Männer umher und Frauen
Auf den herrlichen Jüngling verwundert schauen.

Und wie er tritt an des Felsen Hang
Und blickt in den Schlund hinab,
Die Wasser, die sie hinunterschlang,
Die Charybde jetzt brüllend wiedergab,
Und wie mit des fernen Donners Getose
Entstürzen sie schäumend dem finstern Schoße.

Und es wallet und siedet und brauset und zischt,
Wie wenn Wasser mit Feuer sich mengt,
Bis zum Himmel spritzet der dampfende Gischt,
Und Flut auf Flut sich ohn' Ende drängt,
Und will sich nimmer erschöpfen und leeren,
Als wollte das Meer noch ein Meer gebären.

Doch endlich, da legt sich die wilde Gewalt,
Und schwarz aus dem weißen Schaum
Klafft hinunter ein gähnender Spalt,
Grundlos, als ging's in den Höllenraum,
Und reißend sieht man die brandenden Wogen
Hinab in den strudelnden Trichter gezogen.

Jetzt schnell, eh die Brandung wiederkehrt,
Der Jüngling sich Gott befiehlt,
Und – ein Schrei des Entsetzens wird rings gehört,
Und schon hat ihn der Wirbel hinweggespült,

Und geheimnisvoll über dem kühnen Schwimmer
Schließt sich der Rachen, er zeigt sich nimmer.

Und stille wird's über dem Wasserschlund,
In der Tiefe nur brauset es hohl,
Und bebend hört man von Mund zu Mund:
„Hochherziger Jüngling, fahre wohl!"
Und hohler und hohler hört man's heulen,
Und es harrt noch mit bangem, mit schrecklichem Weilen.

Und wärfst du die Krone selber hinein
Und sprächst: Wer mir bringet die Kron',
Er soll sie tragen und König sein.
Mich gelüstete nicht nach dem teuren Lohn.
Was die heulende Tiefe da unten verhehle,
Das erzählt keine lebende glückliche Seele.

Wohl manches Fahrzeug, vom Strudel gefaßt,
Schoß jäh in die Tiefe hinab,
Doch zerschmettert nur rangen sich Kiel und Mast
Hervor aus dem alles verschlingenden Grab. –
Und heller und heller, wie Sturmes Sausen,
Hört man's näher und immer näher brausen.

Und es wallet und siedet und brauset und zischt,
Wie wenn Wasser mit Feuer sich mengt,
Bis zum Himmel spritzet der dampfende Gischt,
Und Well' auf Well' sich ohn' Ende drängt.
Und wie mit des fernen Donners Getose
Entstürzt es brüllend dem finstern Schoße.

Und sieh! aus dem finster flutenden Schoß
Da hebet sich's schwanenweiß,
Und ein Arm und ein glänzender Nacken wird bloß,
Und es rudert mit Kraft und mit emsigem Fleiß,
Und er ist's, und hoch in seiner Linken
Schwingt er den Becher mit freudigem Winken.

Und atmete lang und atmete tief
Und begrüßte das himmlische Licht.
Mit Frohlocken es einer dem andern rief:
„Er lebt! Er ist da! Es behielt ihn nicht!
Aus dem Grab, aus der strudelnden Wasserhöhle
Hat der Brave gerettet die lebende Seele."

Und er kommt, es umringt ihn die jubelnde Schar,
Zu des Königs Füßen er sinkt,
Den Becher reicht er ihm kniend dar,
Und der König der lieblichen Tochter winkt,
Die füllt ihn mit funkelndem Wein bis zum Rande,
Und der Jüngling sich also zum König wandte:

„Lang lebe der König! Es freue sich,
Wer da atmet im rosigten Licht!
Da unten aber ist's fürchterlich,
Und der Mensch versuche die Götter nicht
Und begehre nimmer und nimmer zu schauen,
Was sie gnädig bedecken mit Nacht und Grauen.

Es riß mich hinunter, blitzesschnell –
Da stürzt' mir aus felsigtem Schacht

Wildflutend entgegen ein reißender Quell,
Mich packte des Doppelstroms wütende Macht,
Und wie einen Kreisel mit schwindelndem Drehen
Trieb mich's um, ich konnte nicht widerstehen.

Da zeigte mir Gott, zu dem ich rief
In der höchsten schrecklichen Not,
Aus der Tiefe ragend ein Felsenriff,
Das erfaßt ich behend und entrann dem Tod.
Und da hing auch der Becher an spitzen Korallen,
Sonst wär er ins Bodenlose gefallen.

Denn unter mir lag's noch, bergetief,
In purpurner Finsternis da,
Und ob's hier dem Ohre gleich ewig schlief,
Das Auge mit Schaudern hinuntersah,
Wie's von Salamandern und Molchen und Drachen
Sich regt' in dem furchtbaren Höllenrachen.

Schwarz wimmelten da, in grausem Gemisch,
Zu scheußlichen Klumpen geballt,
Der stachligte Roche, der Klippenfisch,
Des Hammers greuliche Ungestalt,
Und dräuend wies mir die grimmigen Zähne
Der entsetzliche Hai, des Meeres Hyäne.

Und da hing ich und war's mir mit Grauen bewußt,
Von der menschlichen Hilfe so weit,
Unter Larven die einzige fühlende Brust,
Allein in der gräßlichen Einsamkeit,

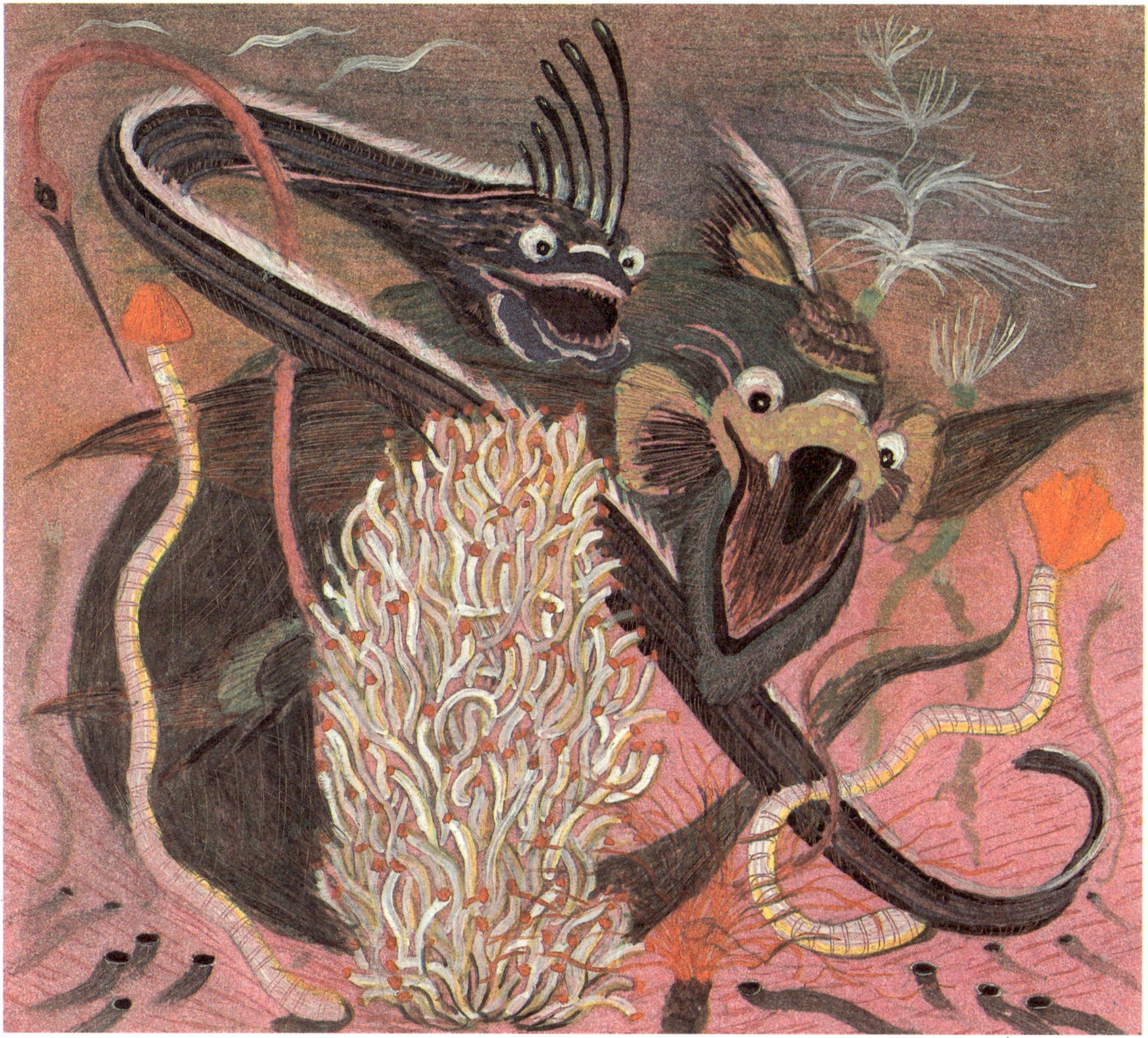

Tief unter dem Schall der menschlichen Rede
Bei den Ungeheuern der traurigen Öde.

Und schaudernd dacht ich's, da kroch's heran.
Regte hundert Gelenke zugleich,
Will schnappen nach mir – in des Schreckens Wahn
Laß ich los der Koralle umklammerten Zweig;
Gleich faßt mich der Strudel mit rasendem Toben,
Doch es war mir zum Heil, er riß mich nach oben."

Der König darob sich verwundert schier
Und spricht: „Der Becher ist dein,
Und diesen Ring noch bestimm ich dir,
Geschmückt mit dem köstlichsten Edelstein,
Versuchst du's noch einmal und bringst mir Kunde,
Was du sahst auf des Meeres tiefunterstem Grunde."

Das hörte die Tochter mit weichem Gefühl,
Und mit schmeichelndem Munde sie fleht:
„Laß, Vater, genug sein das grausame Spiel!
Er hat Euch bestanden, was keiner besteht,
Und könnt Ihr des Herzens Gelüsten nicht zähmen,
So mögen die Ritter den Knappen beschämen."

Drauf der König greift nach dem Becher schnell,
In den Strudel ihn schleudert hinein:
„Und schaffst du den Becher mir wieder zur Stell,
So sollst du der trefflichste Ritter mir sein
Und sollst sie als Ehgemahl heut noch umarmen,
Die jetzt für dich bittet mit zartem Erbarmen."

Da ergreift's ihm die Seele mit Himmelsgewalt,
Und es blitzt aus den Augen ihm kühn,
Und er siehet erröten die schöne Gestalt
Und sieht sie erbleichen und sinken hin,
Da treibt's ihn, den köstlichen Preis zu erwerben,
Und stürzt hinunter auf Leben und Sterben.

Wohl hört man die Brandung, wohl kehrt sie zurück,
Sie verkündigt der donnernde Schall,
Da bückt sich's hinunter mit liebendem Blick,
Es kommen, es kommen die Wasser all,
Sie rauschen herauf, sie rauschen nieder,
Den Jüngling bringt keines wieder.

Der Handschuh

Vor seinem Löwengarten,
Das Kampfspiel zu erwarten,
Saß König Franz,
Und um ihn die Großen der Krone
Und rings auf hohem Balkone
Die Damen in schönem Kranz.

Und wie er winkt mit dem Finger,
Auf tut sich der weite Zwinger,

Und hinein mit bedächtigem Schritt
Ein Löwe tritt,
Und sieht sich stumm
Rings um,
Mit langem Gähnen,
Und schüttelt die Mähnen
Und streckt die Glieder
Und legt sich nieder.

Und der König winkt wieder,
Da öffnet sich behend
Ein zweites Tor,
Daraus rennt
Mit wildem Sprunge
Ein Tiger hervor.
Wie der den Löwen erschaut,
Brüllt er laut,
Schlägt mit dem Schweif
Einen furchtbaren Reif
Und recket die Zunge,
Und im Kreise scheu
Umgeht er den Leu
Grimmig schnurrend;
Drauf streckt er sich murrend
Zur Seite nieder.

Und der König winkt wieder,
Da speit das doppelt geöffnete Haus
Zwei Leoparden auf einmal aus.
Die stürzen mit mutiger Kampfbegier
Auf das Tigertier;
Das packt sie mit seinen grimmigen Tatzen,
Und der Leu mit Gebrüll
Richtet sich auf – da wird's still,
Und herum im Kreis,
Von Mordsucht heiß,
Lagern die greulichen Katzen.

Da fällt von des Altans Rand
Ein Handschuh von schöner Hand
Zwischen den Tiger und den Leun
Mitten hinein.

Und zu Ritter Delorges spottenderweis
Wendet sich Fräulein Kunigund:
„Herr Ritter, ist Eure Lieb so heiß,
Wie Ihr mir's schwört zu jeder Stund,
Ei, so hebt mir den Handschuh auf!"

Und der Ritter in schnellem Lauf
Steigt hinab in den furchtbarn Zwinger
Mit festem Schritte,
Und aus der Ungeheuer Mitte
Nimmt er den Handschuh mit keckem Finger.

Und mit Erstaunen und mit Grauen
Sehen's die Ritter und Edelfrauen,
Und gelassen bringt er den Handschuh zurück.
Da schallt ihm sein Lob aus jedem Munde,
Aber mit zärtlichem Liebesblick –
Er verheißt ihm sein nahes Glück –
Empfängt ihn Fräulein Kunigunde.
Und er wirft ihr den Handschuh ins Gesicht:
„Den Dank, Dame, begehr ich nicht!"
Und verläßt sie zur selben Stunde.

Adelbert von Chamisso
(1781–1838)

Das Riesenspielzeug

Burg Niedeck ist im Elsaß der Sage wohlbekannt,
Die Höhe, wo vorzeiten die Burg der Riesen stand.
Sie selbst ist nun verfallen, die Stätte wüst und leer;
Du fragest nach den Riesen, du findest sie nicht mehr.

Einst kam das Riesenfräulein aus jener Burg hervor,
Erging sich sonder Wartung und spielend vor dem Tor
Und stieg hinab den Abhang bis in das Tal hinein,
Neugierig zu erkunden, wie's unten möchte sein.

Mit wen'gen raschen Schritten durchkreuzte sie den Wald,
Erreichte gegen Haslach das Land der Menschen bald,
Und Städte dort und Dörfer und das bestellte Feld
Erschienen ihren Augen gar eine fremde Welt.

Wie jetzt zu ihren Füßen sie spähend niederschaut,
Bemerkt sie einen Bauer, der seinen Acker baut;
Es kriecht das kleine Wesen einher so sonderbar,
Es glitzert in der Sonne der Pflug so blank und klar.

„Ei! artig Spielding!" ruft sie, „das nehm ich mit nach Haus."
Sie knieet nieder, spreitet behend ihr Tüchlein aus
Und fegt mit den Händen, was da sich alles regt,
Zu Haufen in das Tüchlein, das sie zusammenschlägt.

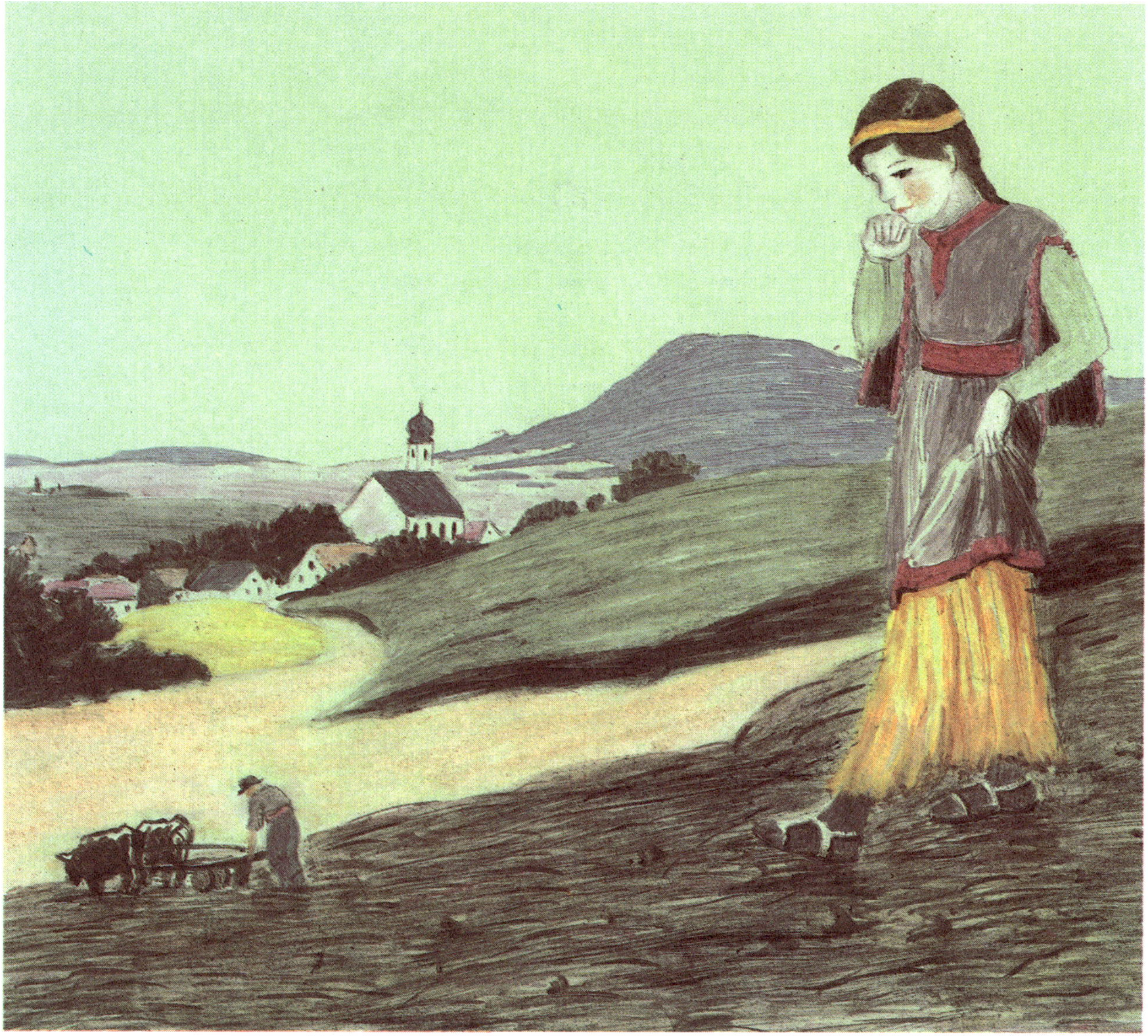

Und eilt mit freud'gen Sprüngen – man weiß, wie Kinder sind –
Zur Burg hinan und suchet den Vater auf geschwind:
„Ei Vater, lieber Vater, ein Spielding wunderschön!
So allerliebstes sah ich noch nie auf unsern Höhn."

Der Alte saß am Tische und trank den kühlen Wein,
Er schaut sie an behaglich, er fragt das Töchterlein:
„Was Zappeliges bringst du in deinem Tuch herbei?
Du hüpfest ja vor Freuden; laß sehen, was es sei!"

Sie spreitet aus das Tüchlein und fängt behutsam an,
Den Bauer aufzustellen, den Pflug und das Gespann:
Wie alles auf dem Tische sie zierlich aufgebaut,
So klatscht sie in die Hände und springt und jubelt laut.

Der Alte wird gar ernsthaft und wiegt sein Haupt und spricht:
„Was hast du angerichtet? Das ist kein Spielzeug nicht!
Wo du es hergenommen, da trag es wieder hin!
Der Bauer ist kein Spielzeug, was kommt dir in den Sinn!

Sollst gleich und ohne Murren erfüllen mein Gebot;
Denn wäre nicht der Bauer, so hättest du kein Brot;
Es sprießt der Stamm der Riesen aus Bauernmark hervor;
Der Bauer ist kein Spielzeug, da sei uns Gott davor!"

Burg Niedeck ist im Elsaß der Sage wohlbekannt,
Die Höhe, wo vorzeiten die Burg der Riesen stand.
Sie selbst ist nun verfallen, die Stätte wüst und leer;
Und fragst du nach den Riesen, du findest sie nicht mehr.

Der rechte Barbier

„Und soll ich nach Philisterart
 Mir Kinn und Wange putzen,
So will ich meinen langen Bart
Den letzten Tag noch nutzen.
Ja, ärgerlich, wie ich nun bin,
Vor meinem Groll, vor meinem Kinn
Soll mancher noch erzittern!

Holla! Herr Wirt, mein Pferd! macht fort!
Ihm wird der Hafer frommen.
Habt Ihr Barbierer hier im Ort?
Laßt gleich den rechten kommen.
Waldaus, waldein, verfluchtes Land!
Ich ritt die Kreuz und Quer und fand
Doch nirgends noch den rechten.

Tritt her, Bartputzer, aufgeschaut!
Du sollst den Bart mir kratzen;
Doch kitzlig sehr ist meine Haut,
Ich biete hundert Batzen;
Nur, machst du nicht die Sache gut
Und fließt ein einz'ges Tröpflein Blut –
Fährt dir mein Dolch ins Herze."

Das spitze, kalte Eisen sah
Man auf dem Tische blitzen,
Und dem verwünschten Ding gar nah
Auf seinem Schemel sitzen
Den grimm'gen, schwarzbehaarten Mann
Im schwarzen kurzen Wams, woran
Noch schwärz're Troddeln hingen.

Dem Meister wird's zu grausig fast,
Er will die Messer wetzen,
Er sieht den Dolch, er sieht den Gast,
Es packt ihn das Entsetzen;
Er zittert wie das Espenlaub,
Er macht sich plötzlich aus dem Staub
Und sendet den Gesellen.

„Einhundert Batzen mein Gebot,
Falls du die Kunst besitzest;
Doch, merk es dir, dich stech ich tot,
So du die Haut mir ritzest."
Und der Gesell: „Den Teufel auch!
Das ist des Landes nicht der Brauch."
Er läuft und schickt den Jungen.

„Bist du der Rechte, kleiner Molch?
Frischauf! fang an zu schaben;
Hier ist das Geld, hier ist der Dolch,
Das beides ist zu haben!
Und schneidest, ritzest du mich bloß,
So geb ich dir den Gnadenstoß;
Du wärest nicht der erste."

Der Junge denkt, der Batzen, druckst
Nicht lang und ruft verwegen:
„Nur still gesessen! nicht gemuckst!
Gott geb Euch seinen Segen!"
Er seift ihn ein ganz unverdutzt,
Er wetzt, er stutzt, er kratzt, er putzt:
„Gottlob, nun seid Ihr fertig." –

„Nimm, kleiner Knirps, dein Geld nur hin;
Du bist ein wahrer Teufel!
Kein andrer mochte den Gewinn,
Du hegtest keinen Zweifel;
Es kam das Zittern dich nicht an,
Und wenn ein Tröpflein Blutes rann,
So stach ich dich doch nieder." –

„Ei! guter Herr, so stand es nicht,
Ich hielt Euch an der Kehle;
Verzucktet Ihr nur das Gesicht
Und ging der Schnitt mir fehle,
So ließ ich Euch dazu nicht Zeit;
Entschlossen war ich und bereit,
Die Kehl Euch abzuschneiden." –

„So, so! ein ganz verwünschter Spaß!"
Dem Herrn ward's unbehäglich;
Er wurd' auf einmal leichenblaß
Und zitterte nachträglich:
„So, so! das hatt' ich nicht bedacht,
Doch hat es Gott noch gut gemacht;
Ich will's mir aber merken."

Die alte Waschfrau

Du siehst geschäftig bei dem Linnen
Die Alte dort in weißem Haar,
Die rüstigste der Wäscherinnen
Im sechsundsiebenzigsten Jahr.
So hat sie stets mit sauerm Schweiß
Ihr Brot in Ehr' und Zucht gegessen
Und ausgefüllt mit treuem Fleiß
Den Kreis, den Gott ihr zugemessen.

Sie hat in ihren jungen Tagen
Geliebt, gehofft und sich vermählt;
Sie hat des Weibes Los getragen,
Die Sorgen haben nicht gefehlt;
Sie hat den kranken Mann gepflegt,
Sie hat drei Kinder ihm geboren;
Sie hat ihn in das Grab gelegt
Und Glaub' und Hoffnung nicht verloren.

Da galt's, die Kinder zu ernähren;
Sie griff es an mit heiterm Mut,
Sie zog sie auf in Zucht und Ehren,
Der Fleiß, die Ordnung sind ihr Gut.
Zu suchen ihren Unterhalt,
Entließ sie segnend ihre Lieben,
So stand sie nun allein und alt,
Ihr war ihr heitrer Mut geblieben.

Sie hat gespart und hat gesonnen
Und Flachs gekauft und nachts gewacht,
Den Flachs zu feinem Garn gesponnen,
Das Garn dem Weber hingebracht;
Der hat's gewebt zu Leinenwand.
Die Schere brauchte sie, die Nadel,
Und nähte sich mit eigner Hand
Ihr Sterbehemde sonder Tadel.

Ihr Hemd, ihr Sterbehemd, sie schätzt es,
Verwahrt's im Schrein am Ehrenplatz;
Es ist ihr Erstes und ihr Letztes,
Ihr Kleinod, ihr ersparter Schatz.
Sie legt es an, des Herren Wort
Am Sonntag früh sich einzuprägen;
Dann legt sie's wohlgefällig fort,
Bis sie darin zur Ruh sie legen.

Und ich, an meinem Abend, wollte,
Ich hätte, diesem Weibe gleich,
Erfüllt, was ich erfüllen sollte
In meinen Grenzen und Bereich;
Ich wollt', ich hätte so gewußt
Am Kelch des Lebens mich zu laben,
Und könnt' am Ende gleiche Lust
An meinem Sterbehemde haben.

Ludwig Uhland
(1787–1862)

Siegfrieds Schwert

Jung Siegfried war ein stolzer Knab',
Ging von des Vaters Burg herab.

Wollt rasten nicht in Vaters Haus'
Wollt wandern in alle Welt hinaus.

Begegnet' ihm manch Ritter wert
Mit festem Schild und breitem Schwert.

Siegfried nur einen Stecken trug;
Das war ihm bitter und leid genug.

Und als er ging im finstern Wald,
Kam er zu einer Schmiede bald.

Da sah er Eisen und Stahl genug;
Ein lustig Feuer Flammen schlug.

„O Meister, liebster Meister mein,
Laß du mich deinen Gesellen sein!

Und lehr du mich mit Fleiß und Acht,
Wie man die guten Schwerter macht!"

Siegfried den Hammer wohl schwingen kunnt,
Er schlug den Amboß in den Grund;

Er schlug, daß weit der Wald erklang
Und alles Eisen in Stücke sprang.

Und von der letzten Eisenstang'
Macht' er ein Schwert so breit und lang:

„Nun hab ich geschmiedet ein gutes Schwert,
Nun bin ich wie andre Ritter wert;

Nun schlag ich wie ein andrer Held
Die Riesen und Drachen in Wald und Feld."

Des Sängers Fluch

Es stand in alten Zeiten ein Schloß, so hoch und hehr,
Weit glänzt' es über die Lande bis an das blaue Meer,
Und rings von duft'gen Gärten ein blütenreicher Kranz,
Drin sprangen frische Brunnen in Regenbogenglanz.

Dort saß ein stolzer König, an Land und Siegen reich,
Er saß auf seinem Throne so finster und so bleich;
Denn was er sinnt, ist Schrecken, und was er blickt, ist Wut,
Und was er spricht, ist Geißel, und was er schreibt, ist Blut.

Einst zog nach diesem Schlosse ein edles Sängerpaar,
Der ein' in goldnen Locken, der andre grau von Haar;
Der Alte mit der Harfe, der saß auf schmuckem Roß,
Es schritt ihm frisch zur Seite der blühende Genoß.

Der Alte sprach zum Jungen: „Nun sei bereit, mein Sohn!
Denk unsrer tiefsten Lieder, stimm an den vollsten Ton!
Nimm alle Kraft zusammen, die Lust und auch den Schmerz!
Es gilt uns heut zu rühren des Königs steinern Herz."

Schon stehn die beiden Sänger im hohen Säulensaal,
Und auf dem Throne sitzen der König und sein Gemahl,
Der König furchtbar prächtig wie blut'ger Nordlichtschein,
Die Königin süß und milde, als blickte Vollmond drein.

Da schlug der Greis die Saiten, er schlug sie wundervoll,
Daß reicher, immer reicher der Klang zum Ohre schwoll;
Dann strömte himmlisch helle des Jünglings Stimme vor,
Des Alten Sang dazwischen wie dumpfer Geisterchor.

Sie singen von Lenz und Liebe, von sel'ger goldner Zeit,
Von Freiheit, Männerwürde, von Treu und Heiligkeit,
Sie singen von allem Süßen, was Menschenbrust durchbebt,
Sie singen von allem Hohen, was Menschenherz erhebt.

Die Höflingsschar im Kreise verlernet jeden Spott,
Des Königs trotz'ge Krieger, sie beugen sich vor Gott;
Die Königin, zerflossen in Wehmut und in Lust,
Sie wirft den Sängern nieder die Rose von ihrer Brust.

„Ihr habt mein Volk verführet; verlockt ihr nun mein Weib?"
Der König schreit es wütend, er bebt am ganzen Leib;
Er wirft sein Schwert, das blitzend des Jünglings Brust durchdringt,
Draus statt der goldnen Lieder ein Blutstrahl hoch aufspringt.

Und wie vom Sturm zerstoben ist all der Hörer Schwarm.
Der Jüngling hat verröchelt in seines Meisters Arm;
Der schlägt um ihn den Mantel und setzt ihn auf das Roß,
Er bindet ihn aufrecht feste, verläßt mit ihm das Schloß.

Doch vor dem hohen Tore, da hält der Sängergreis,
Da faßt er seine Harfe, sie, aller Harfen Preis,
An einer Mamorsäule, da hat er sie zerschellt;
Dann ruft er, daß es schaurig durch Schloß und Gärten gellt:

„Weh euch, ihr stolzen Hallen! Nie töne süßer Klang
Durch eure Räume wieder, nie Saite noch Gesang.
Nein, Seufzer nur und Stöhnen und scheuer Sklavenschritt,
Bis euch zu Schutt und Moder der Rachegeist zertritt!

Weh euch, ihr duft'gen Gärten im holden Maienlicht!
Euch zeig ich dieses Toten entstelltes Angesicht,
Daß ihr darob verdorret, daß jeder Quell versiegt,
Daß ihr in künft'gen Tagen versteint, verödet liegt.

Weh dir, verruchter Mörder! du Fluch des Sängertums!
Umsonst sei all dein Ringen nach Kränzen blut'gen Ruhms!
Dein Name sei vergessen, in ew'ge Nacht getaucht,
Sei wie ein letztes Röcheln in leere Luft verhaucht!"

Der Alte hat's gerufen, der Himmel hat's gehört,
Die Mauern liegen nieder, die Hallen sind zerstört;
Noch eine hohe Säule zeugt von verschwundner Pracht;
Auch diese, schon geborsten, kann stürzen über Nacht.

Und rings, statt duft'ger Gärten, ein ödes Heideland,
Kein Baum verstreuet Schatten, kein Quell durchdringt den Sand,
Des Königs Namen meldet kein Lied, kein Heldenbuch;
Versunken und vergessen! das ist des Sängers Fluch.

Das Schloß am Meer

„Hast du das Schloß gesehen,
 Das hohe Schloß am Meer?
 Golden und rosig wehen
 Die Wolken drüber her.

Es möchte sich niederneigen
 In die spiegelklare Flut,
 Es möchte streben und steigen
 In der Abendwolken Glut."

„Wohl hab ich es gesehen,
 Das hohe Schloß am Meer,
 Und den Mond darüber stehen
 Und Nebel weit umher."

„Der Wind und des Meeres Wallen,
 Gaben sie frischen Klang?
 Vernahmst du aus hohen Hallen
 Saiten und Festgesang?"

„Die Winde, die Wogen alle
 Lagen in tiefer Ruh;
 Einem Klagelied aus der Halle
 Hört' ich mit Tränen zu."

„Sahest du oben gehen
 Den König und sein Gemahl,
 Der roten Mäntel Wehen,
 Der goldnen Kronen Strahl?

Führten sie nicht mit Wonne
 Eine schöne Jungfrau dar,
 Herrlich wie eine Sonne,
 Strahlend im goldnen Haar?"

„Wohl sah ich die Eltern beide,
 Ohne der Kronen Licht,
 Im schwarzen Trauerkleide;
 Die Jungfrau sah ich nicht."

Der weiße Hirsch

Es gingen drei Jäger wohl auf die Pirsch,
Sie wollten erjagen den weißen Hirsch.

Sie legten sich unter den Tannenbaum;
Da hatten die drei einen seltsamen Traum.

Der erste
„Mir hat geträumt, ich klopf auf den Busch,
Da rauschte der Hirsch heraus, husch, husch!"

Der zweite
„Und als er sprang mit der Hunde Geklaff,
Da brannt' ich ihn auf das Fell, piff, paff!"

Der dritte
„Und als ich den Hirsch an der Erde sah,
Da stieß ich lustig ins Horn, trara!"

So lagen sie da und sprachen, die drei,
Da rannte der weiße Hirsch vorbei.

Und eh die drei Jäger ihn recht gesehn,
So war er davon über Tiefen und Höhn.

Husch, husch! Piff, paff! Trara!

Joseph von Eichendorff
(1788–1857)

Das zerbrochene Ringlein

In einem kühlen Grunde,
Da geht ein Mühlenrad,
Mein' Liebste ist verschwunden,
Die dort gewohnet hat.

Sie hat mir Treu versprochen,
Gab mir ein'n Ring dabei,
Sie hat die Treu gebrochen,
Mein Ringlein sprang entzwei.

Ich möcht' als Spielmann reisen
Weit in die Welt hinaus
Und singen meine Weisen
Und gehn von Haus zu Haus.

Ich möcht' als Reiter fliegen
Wohl in die blut'ge Schlacht,
Um stille Feuer liegen
Im Feld bei dunkler Nacht.

Hör ich das Mühlrad gehen:
Ich weiß nicht, was ich will –
Ich möcht' am liebsten sterben,
Da wär's auf einmal still!

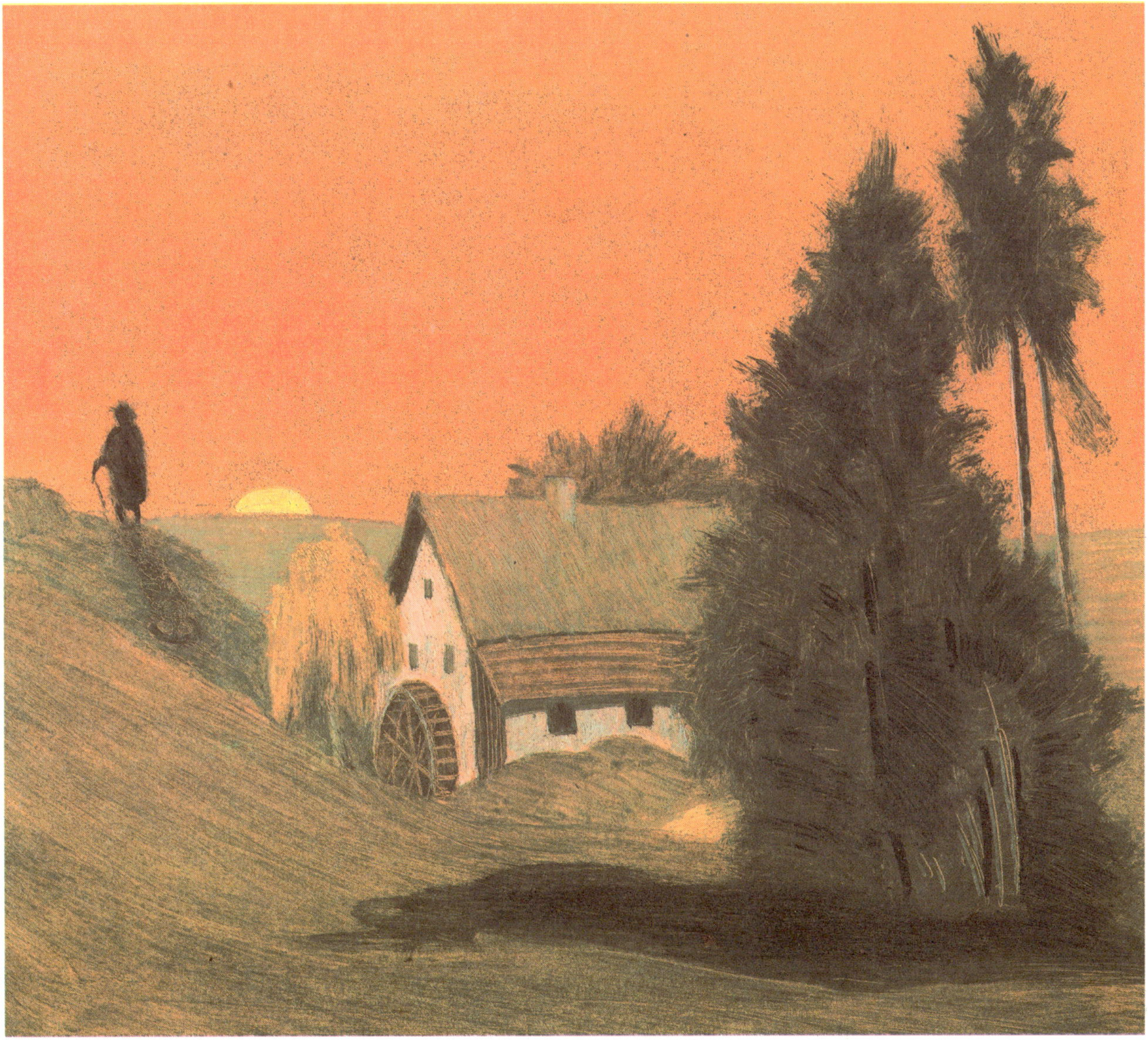

Gustav Schwab

(1792–1850)

Der Reiter und der Bodensee

Der Reiter reitet durchs helle Tal,
Auf Schneefeld schimmert der Sonne Strahl.

Er trabet im Schweiß durch den kalten Schnee,
Er will noch heut an den Bodensee.

Noch heut mit dem Pferd in den sichern Kahn,
Will drüben landen vor Nacht noch an.

Auf schlimmem Weg, über Dorn und Stein,
Er braust auf rüst'gem Roß feldein.

Aus den Bergen heraus, ins ebene Land,
Da sieht er den Schnee sich dehnen wie Sand.

Weit hinter ihm schwinden Dorf und Stadt,
Der Weg wird eben, die Bahn wird glatt.

In weiter Fläche kein Bühl, kein Haus,
Die Bäume gingen, die Felsen aus.

So flieget er hin eine Meil, und zwei,
Er hört in den Lüften der Schneegans Schrei.

Es flattert das Wasserhuhn empor,
Nicht anderen Laut vernimmt sein Ohr.

Keinen Wandersmann sein Auge schaut,
Der ihm den rechten Pfad vertraut.

Fort geht's wie auf Samt, auf dem weichen Schnee.
Wann rauscht das Wasser? wann glänzt der See?

Da bricht der Abend, der frühe, herein:
Von Lichtern blinket ein ferner Schein.

Es hebt aus dem Nebel sich Baum an Baum,
Und Hügel schließen den weiten Raum.

Er spürt auf dem Boden Stein und Dorn,
Dem Rosse gibt er den scharfen Sporn.

Und Hunde bellen empor am Pferd,
Und es winkt im Dorf ihm der warme Herd.

„Willkommen am Fenster, Mägdelein,
An den See, an den See, wie weit mag's sein?"

Die Maid, sie staunet den Reiter an:
„Der See liegt hinter dir und der Kahn.

Und deckt' ihn die Rinde von Eis nicht zu,
Ich spräch, aus dem Nachen stiegest du."

Der Fremde schaudert, er atmet schwer:
„Dort hinten die Ebene, die ritt ich her!"

Da recket die Magd die Arm' in die Höh':
„Herr Gott! so rittest du über den See!

An den Schlund, an die Tiefe bodenlos
Hat gepocht des rasenden Hufes Stoß!

Und unter dir zürnten die Wasser nicht?
Nicht krachte hinunter die Rinde dicht?

Und du wardst nicht die Speise der stummen Brut,
Der hungrigen Hecht' in der kalten Flut?"

Sie rufet das Dorf herbei zu der Mär,
Es stellen die Knaben sich um ihn her.

Die Mütter, die Greise, sie sammeln sich:
„Glückseliger Mann, ja segne du dich!

Herein zum Ofen, zum dampfenden Tisch!
Brich mit uns das Brot und iß vom Fisch!"

Der Reiter erstarret auf seinem Pferd,
Er hat nur das erste Wort gehört.

Es stocket sein Herz, es sträubt sich sein Haar,
Dicht hinter ihm grinst noch die grause Gefahr.

Es siehet sein Blick nur den gräßlichen Schlund,
Sein Geist versinkt in den schwarzen Grund.

Im Ohr ihm donnert's wie krachend Eis,
Wie die Well umrieselt ihn kalter Schweiß.

Da seufzt er, da sinkt er vom Roß herab,
Da ward ihm am Ufer ein trocken Grab.

Der Burgbau

„Auf, Meister, auf und baue mir
  Ein festes, hohes Haus.
Nicht braucht's zu sein des Landes Zier,
  Es sei des Landes Graus!

Wo an der Wanderstraße hart
  Ein Hügel heimlich lauscht,
Von finsterem Gebüsch umstarrt,
  Vom trüben Bach umrauscht,

Dort tret' es vor des Fremdlings Blick
  Wie ein Gespenst hervor,
Und keinen send' es mehr zurück,
  Den je verschlang sein Tor.

Aus kleinen Augen tückisch soll
  Es spähen in das Tal,
Rundum ein Graben, Wassers voll,
  Und Brück' und Türe schmal.

Und Türme hoch und Mauern dicht,
  Und Scheun' und Keller weit.
Man stürm' es nicht, man zwing' es nicht,
  Es trotze Welt und Zeit!

Und weh des Maultiers stillem Zug
  Den Bergespfad hinan,
Und weh dem Knechte hinterm Pflug
  Und seiner Stiere Bahn!

Und weh dem Wild und weh dem Holz
In meines Nächsten Wald;
Sprich, willst du baun ein Haus so stolz,
So gräßlich von Gestalt?"

Mit Schweigen hört der Meister zu
Und spricht: „Ich führ's hinaus;
Ich bau es fest, habt gute Ruh,
Doch sagt: Wie heißt das Haus?"

Da lacht der Ritter grimm und reckt
Die Hand aus übers Land:
„Mein Haus, das alles zwingt und schreckt,
Schadburg sei es genannt!"

Und wie der Greis das Wort vernahm,
Er rief: „Daß Gott erbarm!"
Der Zorn ihm in das Auge kam
Und in den alten Arm.

Und schwingt sein Beil und fährt herein
Dem Herrn durch Helm und Haupt:
„Geleget ist der erste Stein,
Jetzt schadet, mordet, raubt!"

Das war des ersten Zwingherrn Tod
Im edlen Schweizerland;
Seit half ihm Gott aus aller Not
Durch seiner Männer Hand.

Annette von Droste-Hülshoff

(1797–1848)

Der Knabe im Moor

O schaurig ist's, übers Moor zu gehn,
Wenn es wimmelt vom Heiderauche,
Sich wie Phantome die Dünste drehn
Und die Ranke häkelt am Strauche,
Unter jedem Tritte ein Quellchen springt,
Wenn aus der Spalte es zischt und singt –
O schaurig ist's, übers Moor zu gehn,
Wenn das Röhricht knistert im Hauche!

Fest hält die Fibel das zitternde Kind
Und rennt, als ob man es jage;
Hohl über die Fläche sauset der Wind –
Was raschelt drüben am Hage?
Das ist der gespenstische Gräberknecht,
Der dem Meister die besten Torfe verzecht;
Hu, hu, es bricht wie ein irres Rind!
Hinducket das Knäblein zage.

Vom Ufer starret Gestumpf hervor,
Unheimlich nicket die Föhre,
Der Knabe rennt, gespannt das Ohr,
Durch Riesenhalme wie Speere;
Und wie es rieselt und knittert darin!
Das ist die unselige Spinnerin,
Das ist die gebannte Spinnlenor',
Die den Haspel dreht im Geröhre!

Voran, voran! nur immer im Lauf,
Voran, als woll' es ihn holen!
Vor seinem Fuße brodelt es auf,
Es pfeift ihm unter den Sohlen
Wie eine gespenstige Melodei;
Das ist der Geigenmann ungetreu,
Das ist der diebische Fiedler Knauf,
Der den Hochzeitheller gestohlen!

Da birst das Moor, ein Seufzer geht
Hervor aus der klaffenden Höhle;
Weh, weh, da ruft die verdammte Margret:
„Ho, ho, meine arme Seele!"
Der Knabe springt wie ein wundes Reh;
Wär nicht Schutzengel in seiner Näh,
Seine bleichenden Knöchelchen fände spät
Ein Gräber im Moorgeschwele.

Da mählich gründet der Boden sich,
Und drüben, neben der Weide,
Die Lampe flimmert so heimatlich,
Der Knabe steht an der Scheide.
Tief atmet er auf, zum Moor zurück
Noch immer wirft er den scheuen Blick:
Ja, im Geröhre war's fürchterlich,
O schaurig war's in der Heide!

Das Hirtenfeuer

Dunkel, Dunkel im Moor,
Über der Heide Nacht,
Nur das rieselnde Rohr
Neben der Mühle wacht,
Und an des Rades Speichen
Schwellende Tropfen schleichen.

Unke kauert im Sumpf,
Igel im Grase duckt,
In dem modernden Stumpf
Schlafend die Kröte zuckt,
Und am sandigen Hange
Rollt sich fester die Schlange.

Was glimmt dort hinterm Ginster
Und bildet lichte Scheiben?
Nun wirft es Funkenflinster,
Die löschend niederstäuben;
Nun wieder alles dunkel –
Ich hör des Stahles Picken,
Ein Knistern, ein Gefunkel,
Und auf die Flammen zücken.

Und Hirtenbuben hocken
Im Kreis umher, sie strecken
Die Hände, Torfes Brocken
Seh ich die Lohe lecken;

Da bricht ein starker Knabe
Aus des Gestrüppes Windel
Und schleifet nach im Trabe
Ein wüst Wacholderbündel.

Er läßt's am Feuer kippen –
Hei, wie die Buben johlen
Und mit den Fingern schnippen
Die Funken-Girandolen!
Wie ihre Zipfelmützen
Am Ohre lustig flattern,
Und wie die Nadeln spritzen,
Und wie die Äste knattern!

Die Flamme sinkt, sie hocken
Aufs neu umher im Kreise,
Und wieder fliegen Brocken,
Und wieder schwelt es leise;
Glührote Lichter streichen
An Haarbusch und Gesichte,
Und schier Dämonen gleichen
Die kleinen Heidewichte.

Der da, der Unbeschuhte,
Was streckt er in das Dunkel
Den Arm wie eine Rute?
Im Kreise welch Gemunkel?
Sie spähn wie junge Geier
Von ihrer Ginsterschütte:
Ha, noch ein Hirtenfeuer,
Recht an des Dammes Mitte!

Man sieht es eben steigen
Und seine Schimmer breiten,
Den wirren Funkenreigen
Übern Wacholder gleiten;
Die Buben flüstern leise,
Sie räuspern ihre Kehlen,
Und alte Heideweise
Verzittert durch die Schmelen.

„Helo, heloe!
Heloe, loe!
Komm du auf unsre Heide,
Wo ich meine Schäflein weide,
Komm, o komm in unser Bruch,
Da gibt's der Blümelein genug! –
Helo, heloe!"

Die Knaben schweigen, lauschen nach dem Tann,
Und leise durch den Ginster zieht's heran:

„Helo, heloe!
Ich sitze auf dem Walle,
Meine Schäflein schlafen alle,
Komm, o komm in unsern Kamp,
Da wächst das Gras wie Bram so lang! –
Helo, heloe!
Heloe, loe!"

Heinrich Heine
(1797–1856)

Lorelei

Ich weiß nicht, was soll es bedeuten,
Daß ich so traurig bin;
Ein Märchen aus alten Zeiten,
Das kommt mir nicht aus dem Sinn.

Die Luft ist kühl und es dunkelt,
Und ruhig fließt der Rhein;
Der Gipfel des Berges funkelt
Im Abendsonnenschein.

Die schönste Jungfrau sitzet
Dort oben wunderbar,
Ihr goldnes Geschmeide blitzet,
Sie kämmt ihr goldenes Haar.

Sie kämmt es mit goldenem Kamme
Und singt ein Lied dabei;
Das hat eine wundersame,
Gewaltige Melodei.

Den Schiffer im kleinen Schiffe
Ergreift es mit wildem Weh;
Er schaut nicht die Felsenriffe,
Er schaut nur hinauf in die Höh'.

Ich glaube, die Wellen verschlingen
Am Ende noch Schiffer und Kahn;
Und das hat mit ihrem Singen
Die Lorelei getan.

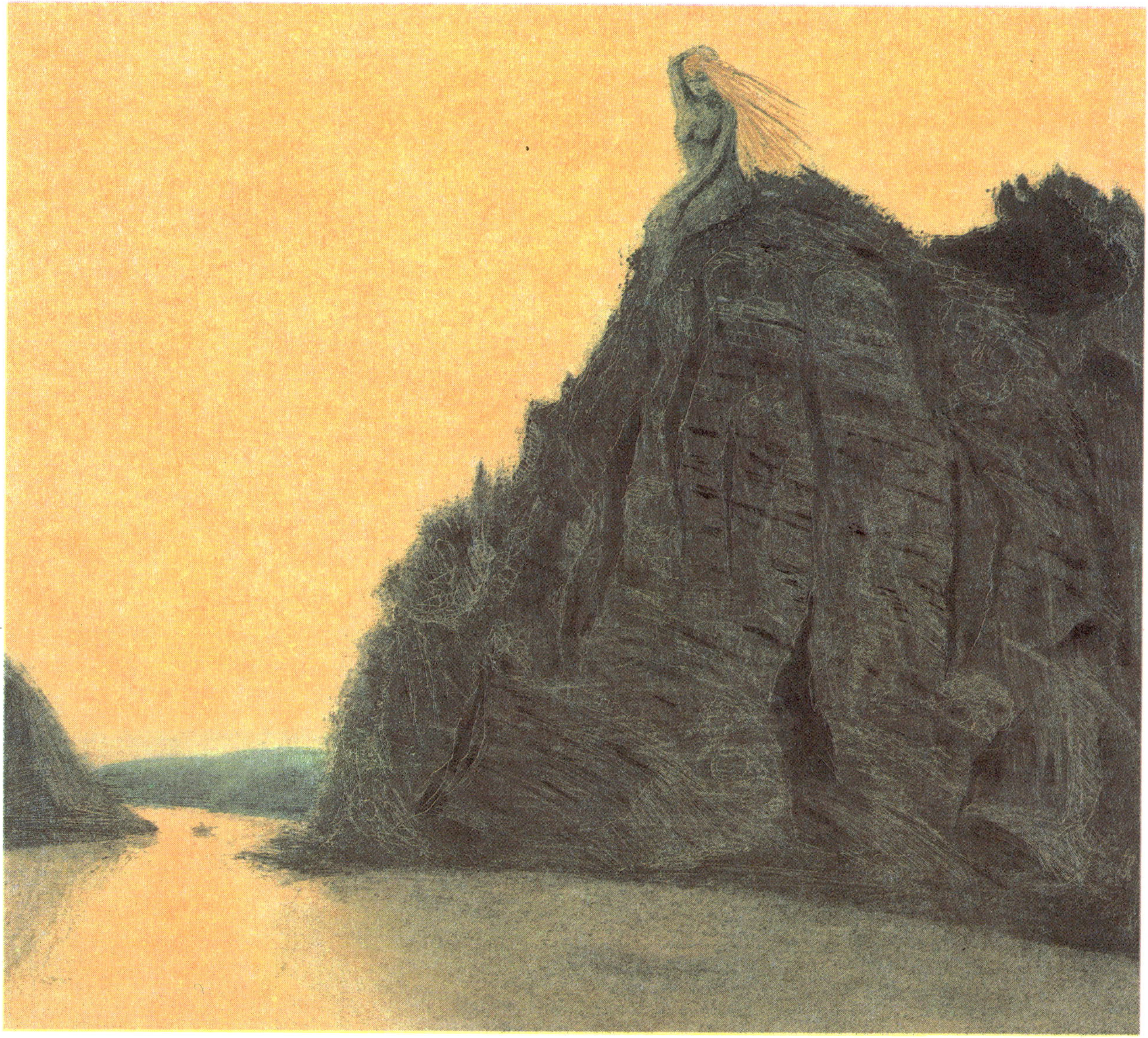

Begegnung

Wohl unter der Linde erklingt die Musik,
da tanzen die Burschen und Mädel,
da tanzen zwei, die niemand kennt.
Sie schaun so schlank und edel.

Sie schweben auf, sie schweben ab,
in seltsam fremder Weise,
sie lachen sich an, sie schütteln das Haupt;
das Fräulein flüstert leise:

„Mein schöner Junker, auf Eurem Hut
schwankt eine Neckenlilie,
die wächst nur tief im Meeresgrund –
Ihr stammt nicht aus Adams Familie.

Ihr seid der Wassermann, Ihr wollt
verlocken des Dorfes Schönen,
Ich hab Euch erkannt beim ersten Blick
an Euren fischgrät'gen Zähnen."

Sie schweben auf, sie schweben ab
in seltsam fremder Weise,
sie lachen sich an, sie schütteln das Haupt.
Der Junker flüstert leise:

„Mein schönes Fräulein, sagt mir, warum
so eiskalt Eure Hand ist?
Sagt mir, warum so naß der Saum
von Eurem weißen Gewand ist.

Ich hab Euch erkannt beim ersten Blick
an Eurem spöttischen Knickse –
du bist kein irdisches Menschenkind,
du bist mein Mühmchen, die Nixe."

Die Geigen verstummen, der Tanz ist aus,
es trennen sich höflich die beiden.
Sie kennen sich leider viel zu gut,
suchen sich jetzt zu vermeiden.

Belsazar

Die Mitternacht zog näher schon;
In stummer Ruh lag Babylon.

Nur oben in des Königs Schloß,
Da flackert's, da lärmt des Königs Troß.

Dort oben in dem Königssaal
Belsazar hielt sein Königsmahl.

Die Knechte saßen in schimmernden Reihn,
Und leerten die Becher mit funkelndem Wein.

Es klirrten die Becher, es jauchzten die Knecht';
So klang es dem störrigen Könige recht.

Des Königs Wangen leuchten Glut;
Im Wein erwuchs ihm kecker Mut.

Und blindlings reißt der Mut ihn fort;
Und er lästert die Gottheit mit sündigem Wort.

Und er brüstet sich frech und lästert wild;
Die Knechtenschar ihm Beifall brüllt.

Der König rief mit stolzem Blick;
Der Diener eilt und kehrt zurück.

Er trug viel gülden Gerät auf dem Haupt;
Das war aus dem Tempel Jehovas geraubt.

Und der König ergriff mit frevler Hand
Einen heiligen Becher, gefüllt bis am Rand.

Und er leert ihn hastig bis auf den Grund,
Und rufet laut mit schäumendem Mund:

„Jehova! dir künd' ich auf ewig Hohn –
Ich bin der König von Babylon!"

Doch kaum das grause Wort verklang,
Dem König ward's heimlich im Busen bang.

Das gellende Lachen verstummte zumal;
Es wurde leichenstill im Saal.

Und sieh! und sieh! an weißer Wand
Da kam's hervor wie Menschenhand

Und schrieb und schrieb an weißer Wand
Buchstaben von Feuer und schrieb und schwand.

Der König stieren Blicks da saß
Mit schlotternden Knien und totenblaß.

Die Knechtenschar saß kalt durchgraut
Und saß gar still, gab keinen Laut.

Die Magier kamen, doch keiner verstand
Zu deuten die Flammenschrift an der Wand.

Belsazar ward aber in selbiger Nacht
Von seinen Knechten umgebracht.

Die Grenadiere

Nach Frankreich zogen zwei Grenadier',
Die waren in Rußland gefangen.
Und als sie kamen ins deutsche Quartier,
Sie ließen die Köpfe hangen.

Da hörten sie beide die traurige Mär:
Daß Frankreich verlorengegangen,
Besiegt und zerschlagen das große Heer –
Und der Kaiser, der Kaiser gefangen.

Da weinten zusammen die Grenadier'
Wohl ob der kläglichen Kunde.
Der eine sprach: „Wie weh wird mir,
Wie brennt meine alte Wunde!"

Der andre sprach: „Das Lied ist aus,
Auch ich möcht' mit dir sterben,
Doch hab ich Weib und Kind zu Haus,
Die ohne mich verderben."

„Was schert mich Weib, was schert mich Kind,
Ich trage weit beßres Verlangen;
Laß sie betteln gehn, wenn sie hungrig sind –
Mein Kaiser, mein Kaiser gefangen!

Gewähr mir, Bruder, eine Bitt':
Wenn ich jetzt sterben werde,
So nimm meine Leiche nach Frankreich mit,
Begrab mich in Frankreichs Erde.

Das Ehrenkreuz am roten Band
Sollst du aufs Herz mir legen;
Die Flinte gib mir in die Hand,
Und gürt' mir um den Degen.

So will ich liegen und horchen still
Wie eine Schildwach im Grabe,
Bis einst ich höre Kanonengebrüll
Und wiehernder Rosse Getrabe.

Dann reitet mein Kaiser wohl über mein Grab,
Viel Schwerter klirren und blitzen;
Dann steig ich gewaffnet hervor aus dem Grab –
Den Kaiser, den Kaiser zu schützen!"

Heinrich Hoffmann von Fallersleben
(1798–1874)

Der große Hund

Ging ein Knabe neulich
Mit dem Großpapa;
Auf dem Weg erzählt er
Alles, was er sah.

„Ja, bei Gott! So sah ich –
Hör genau mir zu! –
Einen Hund, der größer
War als eine Kuh."

Und da sprach der Alte:
„Ei, was sahest du!
Einen Hund, der größer
War als eine Kuh?

Hör denn! Eine Brücke
Liegt von hier nicht weit,
Und darüber müssen
Wir in kurzer Zeit.

Wenn du hast gelogen,
Stürzt die Brücke ein,
Und dann fällst du wahrlich
In den Fluß hinein."

Als sie näher kamen,
Ward der Knabe blaß.
Und er sprach zum Alten:
„Ei, wie war doch das?

Hab ich recht gesehen,
Oder sah ich halb?
Nein, der Hund war größer,
Größer als ein Kalb."

Als der Knabe endlich
Vor der Brücke stund,
Sprach er: „Nein, der Hund war
Wie ein andrer Hund."

August Kopisch
(1799–1853)

Die Heinzelmännchen

Wie war zu Köln es doch vordem
Mit Heinzelmännchen so bequem!
Denn, war man faul – man legte sich
Hin auf die Bank und pflegte sich:
Da kamen bei Nacht,
Eh man's gedacht,
Die Männlein und schwärmten
Und klappten und lärmten
Und rupften
Und zupften
Und hüpften und trabten
Und putzten und schabten...
Und eh ein Faulpelz noch erwacht...
War all sein Tagewerk bereits gemacht.

Die Zimmerleute streckten sich
Hin auf die Spän' und reckten sich.
Indessen kam die Geisterschar
Und sah, was da zu zimmern war,
Nahm Meißel und Beil
Und die Säg' in Eil';
Sie sägten und stachen
Und hieben und brachen,
Berappten
Und kappten,
Visierten wie Falken
Und setzten die Balken...
Eh sich's der Zimmermann versah...
Klapp, stand das ganze Haus schon fertig da.

Beim Bäckermeister war nicht Not,
Die Heinzelmännchen backten Brot.
Die faulen Burschen legten sich,
Die Heinzelmännchen regten sich –
Und ächzten daher
Mit den Säcken schwer!
Und kneteten tüchtig
Und wogen es richtig
Und hoben
Und schoben
Und fegten und backten
Und klopften und hackten.
Die Burschen schnarchten noch im Chor:
Da rückte schon das Brot, das neue, vor.

Beim Fleischer ging es just so zu:
Gesell und Bursche lag' in Ruh.
Indessen kamen die Männlein her
Und hackten das Schwein die Kreuz und Quer.
Das ging so geschwind
Wie die Mühl' im Wind!
Die klappten mit Beilen,
Die schnitzten an Speilen,
Die spülten,
Die wühlten
Und mengten und mischten
Und stopften und wischten.
Tat der Gesell die Augen auf...
Wapp! hing die Wurst schon da im Ausverkauf.

Beim Schenken war es so: Es trank
Der Küfer, bis er niedersank;
Am hohlen Fasse schlief er ein.
Die Männlein sorgten um den Wein
Und schwefelten fein
Alle Fässer ein
Und rollten und hoben
Mit Winden und Kloben
Und schwenkten
Und senkten
Und gossen und panschten
Und mengten und manschten.
Und eh der Küfer noch erwacht,
War schon der Wein geschönt und fein gemacht.

Einst hatt' ein Schneider große Pein:
Der Staatsrock sollte fertig sein;
Warf hin das Zeug und legte sich
Hin auf das Ohr und pflegte sich.
Da schlüpften sie frisch
An den Schneidertisch
Und schnitten und rückten
Und nähten und strickten
Und faßten
Und paßten
Und strichen und guckten
Und zupften und ruckten –
Und eh mein Schneiderlein erwacht:
War Bürgermeisters Rock ... bereits gemacht.

Neugierig war des Schneiders Weib
Und macht sich diesen Zeitvertreib:
Streut Erbsen hin die andre Nacht.
Die Heinzelmännchen kommen sacht;
Eins fährt nun aus,
Schlägt hin im Haus;
Die gleiten von Stufen
Und plumpen in Kufen;
Die fallen
Mit Schallen;
Die lärmen und schreien
Und vermaledeien!
Sie springt hinunter auf den Schall
Mit Licht; husch, husch, husch, husch! –
                    verschwinden all!

O weh! nun sind sie alle fort,
Und keines ist mehr hier am Ort!
Man kann nicht mehr wie sonsten ruhn,
Man muß nun alles selber tun!
Ein jeder muß fein
Selbst fleißig sein
Und kratzen und schaben
Und rennen und traben
Und schniegeln
Und bügeln
Und klopfen und hacken
Und kochen und backen.
Ach, daß es noch wie damals wär!
Doch kommt die schöne Zeit nicht wieder her!

Der Schneiderjunge von Krippstedt

In Krippstedt wies ein Schneiderjunge
Dem Bürgermeister einst die Zunge:
Es war im Jahr Eintausendsiebenhundert.
Der Bürgermeister sehr sich wundert
Und find't es wider den Respekt,
Weshalb er in den Turm ihn steckt.
Es war nach der Nachmittagspredigt
Die Kirche noch nicht ganz erledigt,
Am heil'gen Trinitatistag:
Da geschah auf einmal ein großer Schlag!
Es schlug mit Gedonner im Wettersturm
Der Blitz in denselben Sankt-Niklas-Turm.
Der Schreck durchfährt die ganze Stadt,
Die kaum sich vom Brand erhoben hat.
Was innen ist im Gotteshaus,
Das dringt mit aller Kraft heraus:
Was außen ist, das will hinein! –
Da sieht man auf einmal Flammenschein
Von außen an des Turmes Spitze.
Da rief man: „Feuer! Wasser! Wo ist die Spritze?"
– Die Spritze, ja, die ist dicht dabei!
Doch Kasten und Röhren sind entzwei! –
Wie saure Milch läuft alles zusammen:
Man schreit und blickt auf die Feuerflammen.
Dazwischen – es war ein böser Tag –
Hallt mancher Donner- und Wetterschlag! –
Nun sammelt sich der Magistrat,
Und jeder weiß etwas, und keiner weiß Rat!

Der Bürgermeister, ein weiser Mann,
Sieht sich das Ding bedenklich an
Und spricht: „Hört mich, wir zwingen's nicht!
Der Turm brennt nieder wie ein Licht.
Es kommt, wer hätte das gedacht sich,
Wie Anno sechzehnhundertachtzig!
Erst brennt der Turm, die Kirche, die Stadt sodann;

Drum ist mein Rat: Rett' jeder, was er kann!"
Da laufen die Bürger; mit aller Kraft
Ein jeder das Seine zusammenrafft.
Das ist ein Gerenne, wie fliegen die Zöpfe,
Wie stoßen zusammen die Puderköpfe!
Auf einmal – was krabbelt dort aus dem Loch
Am Turm? – Der Junge! – Nein! – Und doch!

Er ist's, er klettert zur Turmesspitze –
Der Schlingel! – Er nimmt vom Kopf die Mütze,
Er schlägt auf das Feuer, und – daß dich der Daus –
Er löscht es mit seiner Mütze aus!
Er tupft am ganzen Turm umher,
Man sieht nicht eine Flamme mehr!
Und während alle jubelnd schrein,
Schlüpft er von neuem ins Loch hinein.
Er scheut des Magistrates Wesen
Und sitzt, als wäre gar nichts gewesen. –
Das mehrt den Jubel, die Bürger alle
Rufen ihm Vivat mit großem Schalle;
Der Bürgermeister aber spricht,
Indem sein großer Zorn sich bricht:
„Holt ihn heraus, ich erzeig ihm Ehr
Und tu für ihn zeitlebens mehr!" –
„Da kommt er, ganz rußig, der Knirps, der Zwerg!
Hoch lebe der kleine Liewenberg!" –

Der Bürgermeister sprach: „Komm, Junge,
Streck noch einmal heraus die Zunge!
Ich leg dir lauter Dukaten drauf!
So, sperr den Mund recht angelweit auf!
Nur immer mehr herausgestreckt! –
Wir haben alle vor dir Respekt!
Und morgen wird, daß nichts mankiert,
Die große Spritze hier probiert
Und, was entzwei ist, repariert!"

Das grüne Tier und die Naturkenner

Die Thadener zu Hanerau sind ausgewitzte Leute:
Wär noch kein Pulver in der Welt, erfänden sie es heute!
    Allein, allein,
    So wird es immer sein:
  Was man zum erstenmal erficht,
  Kennt selber auch der Klügste nicht!
  Und – wie einmal die Thadner mähn,
  Sie einen grünen Frosch ersehn,
    So grüne, so grüne!

So grüne war der liebe Frosch und blähte mit dem Kropfe,
Den Thadnern fiel vor Schreck dabei die Mütze von dem Kopfe.
    Mit Beinen vier
      Ein grünes, grünes Tier!
  Das war für sie zu wunderlich,
  Zu neu und zu absunderlich!
  Da mußte gleich der Schultheiß her,
  Sollt sagen, welch ein Tier das wär,
    Das grüne, das grüne!

Das grüne Tier der Schultheiß sah, als einen Hupf es machte –
Die Thadner wollten schon davon, da sprach der Alte: Sachte!
    Lauft nicht davon,
      Es sitzt und ruhet schon.
  Seid still! und ich erklär es bald:
  Das Tier kommt aus dem grünen Wald,
  Der grüne Wald ist selber grün,
  Davon ist auch das Tier so grün,
    So grüne, so grüne!

So grüne; denn es lebt darin von eitel grünem Laube,
Und – wenn es nicht ein Hirschbock ist – ist's eine Turteltaube!
    Da hub der Hauf
      Den Schulz mit Schultern auf,
  Sie riefen: „Das ist unser Mann,
  Der jeglich Ding erklären kann,
  Er kennt und nennt es keck und kühn,
  Kein Kreatur ist ihm zu grün,
    Zu grüne, zu grüne!

Nikolaus Lenau
(1802–1850)

Die drei Zigeuner

Drei Zigeuner fand ich einmal
Liegen an einer Weide,
Als mein Fuhrwerk mit müder Qual
Schlich durch die sandige Heide.

Hielt der eine für sich allein
In den Händen die Fiedel,
Spielte, umglüht vom Abendschein,
Sich ein feuriges Liedel.

Hielt der zweite die Pfeif' im Mund,
Blickte nach seinem Rauche
Froh, als ob er vom Erdenrund
Nichts zum Glücke mehr brauche.

Und der dritte behaglich schlief,
Und sein Cymbal am Baum hing,
Über die Saiten der Windhauch lief,
Über sein Herz ein Traum ging.

An den Kleidern trugen die drei
Löcher und bunte Flicken,
Aber sie boten trotzig frei
Spott den Erdengeschicken.

Dreifach haben sie mir gezeigt,
Wenn das Leben uns nachtet,
Wie man's verraucht, verschläft, vergeigt
Und es dreimal verachtet.

Nach den Zigeunern lang' noch schaun
Mußt' ich im Weiterfahren,
Nach den Gesichtern dunkelbraun,
Den schwarzlockigen Haaren.

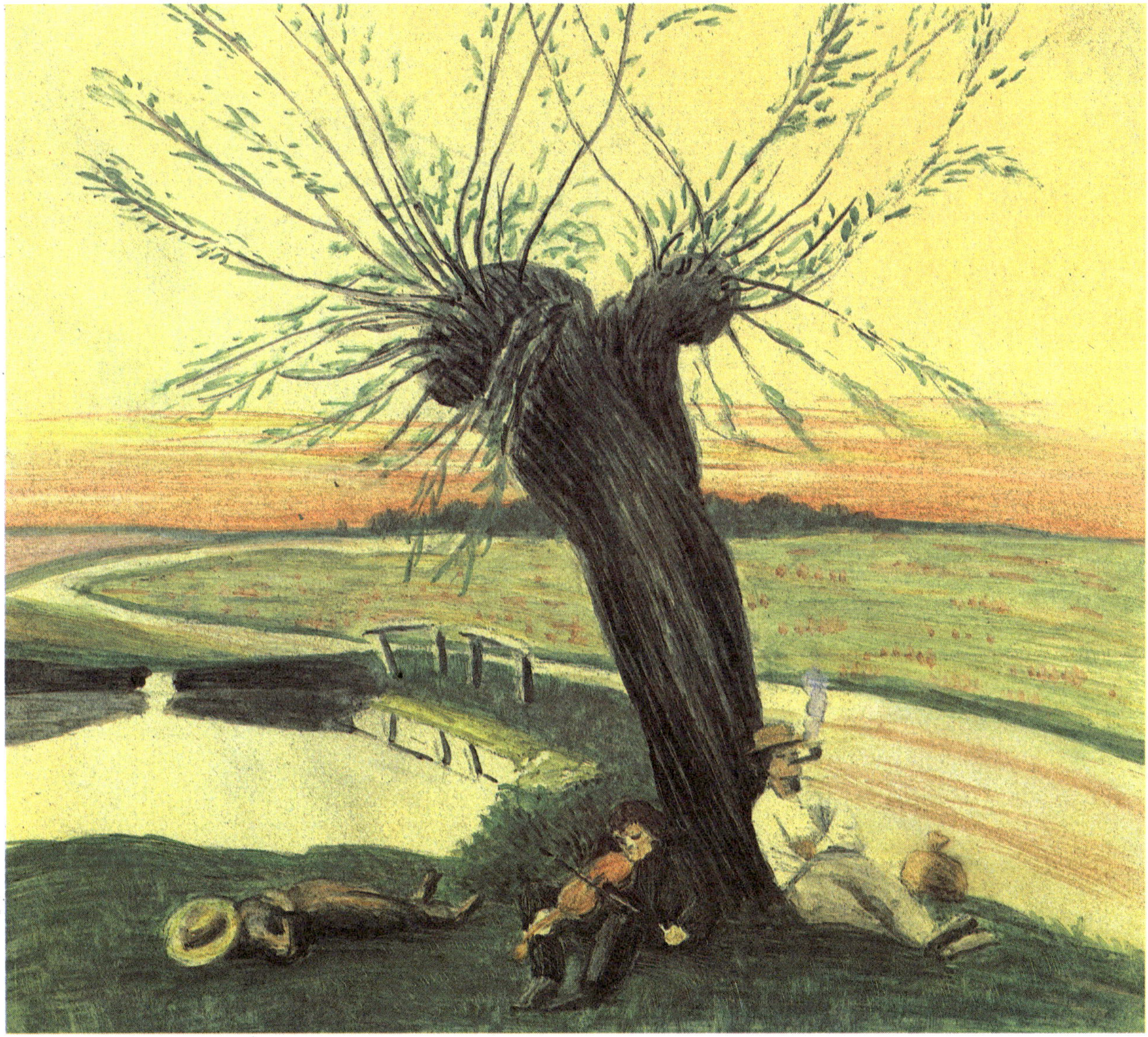

Der Postillion

Lieblich war die Maiennacht,
Silberwölklein flogen,
Ob der holden Frühlingspracht
Freudig hingezogen.

Schlummernd lagen Wies' und Hain,
Jeder Pfad verlassen;
Niemand als der Mondenschein
Wachte auf den Straßen.

Leise nur das Lüftchen sprach,
Und es zog gelinder
Durch das stille Schlafgemach
All der Frühlingskinder.

Heimlich nur das Bächlein schlich;
Denn der Blüten Träume
Dufteten gar wonniglich
Durch die stillen Räume.

Rauher war mein Postillion,
Ließ die Geißel knallen,
Über Berg und Tal davon
Frisch sein Horn erschallen.

Und von flinken Rossen vier
Scholl der Hufe Schlagen,
Die durchs blühende Revier
Trabten mit Behagen.

Wald und Flur im schnellen Zug
Kaum gegrüßt – gemieden;
Und vorbei, wie Traumesflug,
Schwand der Dörfer Frieden.

Mitten in dem Maienglück
Lag ein Kirchhof innen,
Der den raschen Wanderblick
Hielt zu ernstem Sinnen.

Hingelehnt an Bergesrand
War die bleiche Mauer,
Und das Kreuzbild Gottes stand
Hoch, in stummer Trauer.

Schwager ritt auf seiner Bahn
Stiller jetzt und trüber;
Und die Rosse hielt er an,
Sah zum Kreuz hinüber:

„Halten muß hier Roß und Rad!
Mag's Euch nicht gefährden;
Drüben liegt mein Kamerad
In der kühlen Erden!

Ein gar herzlieber Gesell!
Herr, 's ist ewig schade!
Keiner blies das Horn so hell
Wie mein Kamerade!

Hier ich immer halten muß,
Dem dort unterm Rasen
Zum getreuen Brudergruß
Sein Leiblied zu blasen!"

Und dem Kirchhof sandt' er zu
Frohe Wandersänge,
Daß es in die Grabesruh
Seinem Bruder dränge.

Und des Hornes heller Ton
Klang vom Berge wider,
Ob der tote Postillion
Stimmt' in seine Lieder. –

Weiter ging's durch Feld und Hag
Mit verhängtem Zügel;
Lang' mir noch im Ohre lag
Jener Klang vom Hügel.

Eduard Mörike
(1804–1875)

Ritterliche Werbung

„Wo gehst du hin, du schönes Kind?" –
„Zu melken, Herr!" – sprach Gotelind.

„Wer ist dein Vater, du schönes Kind?" –
„Der Müller im Tal" – sprach Gotelind.

„Wie, wenn ich dich freite, schönes Kind?" –
„Zu viel der Ehre!" – sprach Gotelind.

„Was hast du zur Mitgift, schönes Kind?" –
„Herr, mein Gesicht" – sprach Gotelind.

„So kann ich dich nicht wohl frein, mein Kind." –
„Wer hat's Euch geheißen?" – sprach Gotelind.

Schön-Rohtraut

Wie heißt König Ringangs Töchterlein?
    Rohtraut, Schön-Rohtraut.
Was tut sie denn den ganzen Tag,
Da sie wohl nicht spinnen und nähen mag?
    Tut fischen und jagen.
O daß ich doch ihr Jäger wär!
Fischen und Jagen freute mich sehr.
    – Schweig stille, mein Herze!

Und über eine kleine Weil',
    Rohtraut, Schön-Rohtraut,
So dient der Knab' auf Ringangs Schloß
In Jägertracht und hat ein Roß,
    Mit Rohtraut zu jagen.
O daß ich doch ein Königssohn wär!
Rohtraut, Schön-Rohtraut lieb ich so sehr.
    – Schweig stille, mein Herze!

Einstmals sie ruhten am Eichenbaum,
    Da lacht' Schön-Rohtraut:
„Was siehst mich an so wunniglich?
Wenn du das Herz hast, küsse mich!"
    Ach! erschrak der Knabe!
Doch denket er: Mir ist's vergunnt,
Und küsset Schön-Rohtraut auf den Mund.
    – Schweig stille, mein Herze!

Darauf sie ritten schweigend heim,
    Rohtraut, Schön-Rohtraut:
Es jauchzt der Knab' in seinem Sinn:
Und würd'st du heute Kaiserin,
    Mich sollt's nicht kränken!
Ihr tausend Blätter im Walde wißt,
Ich hab Schön-Rohtrauts Mund geküßt!
    – Schweig stille, mein Herze!

Die Geister am Mummelsee

Vom Berge was kommt dort um Mitternacht spät
Mit Fackeln so prächtig herunter?
Ob das wohl zum Tanze, zum Feste noch geht?
Mir klingen die Lieder so munter.
                O nein!
So sage, was mag es wohl sein?

Das, was du da siehest, ist Totengeleit,
Und was du da hörest, sind Klagen.
Dem König, dem Zauberer, gilt es zu Leid,
Sie bringen ihn wieder getragen.
                O weh!
So sind es die Geister vom See!

Sie schweben herunter ins Mummelseetal –
Sie haben den See schon betreten –
Sie rühren und netzen den Fuß nicht einmal –
Sie schwirren in leisen Gebeten –
                O schau,
Am Sarge die glänzende Frau!

Jetzt öffnet der See das grünspiegelnde Tor;
Gib acht, nun tauchen sie nieder!
Es schwankt eine lebende Treppe hervor,
Und – drunten schon summen die Lieder.
                Hörst du?
Ob dort sich nichts rühren will?

Es zuckt in der Mitten – o Himmel! ach hilf!
Nun kommen sie wieder, sie kommen!
Es orgelt im Rohr, und es klirret im Schilf;
Nur hurtig, die Flucht nur genommen!
                Nur still!!
Sie wittern, sie haschen mich schon!

Die Wasser, wie lieblich sie brennen und glühn!
Sie spielen in grünendem Feuer;
Es geisten die Nebel am Ufer dahin,
Zum Meere verzieht sich der Weiher –
                Davon!
Sie singen ihn unten zur Ruh.

Der Feuerreiter

Sehet ihr am Fensterlein
Dort die rote Mütze wieder?
Nicht geheuer muß es sein,
Denn er geht schon auf und nieder.
Und auf einmal welch Gewühle
Bei der Brücke, nach dem Feld!
Horch! das Feuerglöcklein gellt:
   Hinterm Berg,
   Hinterm Berg
Brennt es in der Mühle!

Schaut! da sprengt er wütend schier
Durch das Tor, der Feuerreiter,
Auf dem rippendürren Tier,
Als auf einer Feuerleiter!
Querfeldein! Durch Qualm und Schwüle
Rennt er schon und ist am Ort!
Drüben schallt es fort und fort:
   Hinterm Berg,
   Hinterm Berg
Brennt es in der Mühle!

Der so oft den roten Hahn
Meilenweit von fern gerochen,
Mit des heil'gen Kreuzes Span
Freventlich die Glut besprochen –
Weh! dir grinst vom Dachgestühle
Dort der Feind im Höllenschein.
Gnade Gott der Seele dein!
   Hinterm Berg,
   Hinterm Berg
Rast er in der Mühle!

Keine Stunde hielt es an,
Bis die Mühle borst in Trümmer;
Doch den kecken Reitersmann
Sah man von der Stunde nimmer.
Volk und Wagen im Gewühle
Kehren heim von all dem Graus;
Auch das Glöcklein klinget aus:
   Hinterm Berg,
   Hinterm Berg
Brennt's! –

Nach der Zeit ein Müller fand
Ein Gerippe samt der Mützen
Aufrecht an der Kellerwand
Auf der beinern Mähre sitzen:
Feuerreiter, wie so kühle
Reitest du in deinem Grab!
Husch! da fällt's in Asche ab.
   Ruhe wohl,
   Ruhe wohl
Drunten in der Mühle!

Nixe Binsefuß

Des Wassermanns sein Töchterlein
Tanzt auf dem Eis im Vollmondschein,
Sie singt und lachet sonder Scheu
Wohl an des Fischers Haus vorbei.

„Ich bin die Jungfer Binsefuß
Und meine Fisch' wohl hüten muß;
Meine Fisch', die sind im Kasten,
Sie haben kalte Fasten;
Von Böhmerglas mein Kasten ist,
Da zähl ich sie zu jeder Frist.

Gelt, Fischer-Matz? gelt, alter Tropf,
Dir will der Winter nicht in Kopf?
Komm mir mit deinen Netzen!
Die will ich schön zerfetzen!
Dein Mägdlein zwar ist fromm und gut,
Ihr Schatz ein braves Jägerblut.

Drum häng ich ihr, zum Hochzeitsstrauß,
Ein schilfen Kränzlein vor das Haus
Und einen Hecht, von Silber schwer,
Er stammt von König Artus her,
Ein Zwergen-Goldschmieds-Meisterstück,
Wer's hat, dem bringt es eitel Glück:

Er läßt sich schuppen Jahr für Jahr,
Da sind's fünfhundert Gröschlein bar.
Ade, mein Kind! Ade für heut!
Der Morgenhahn im Dorfe schreit."

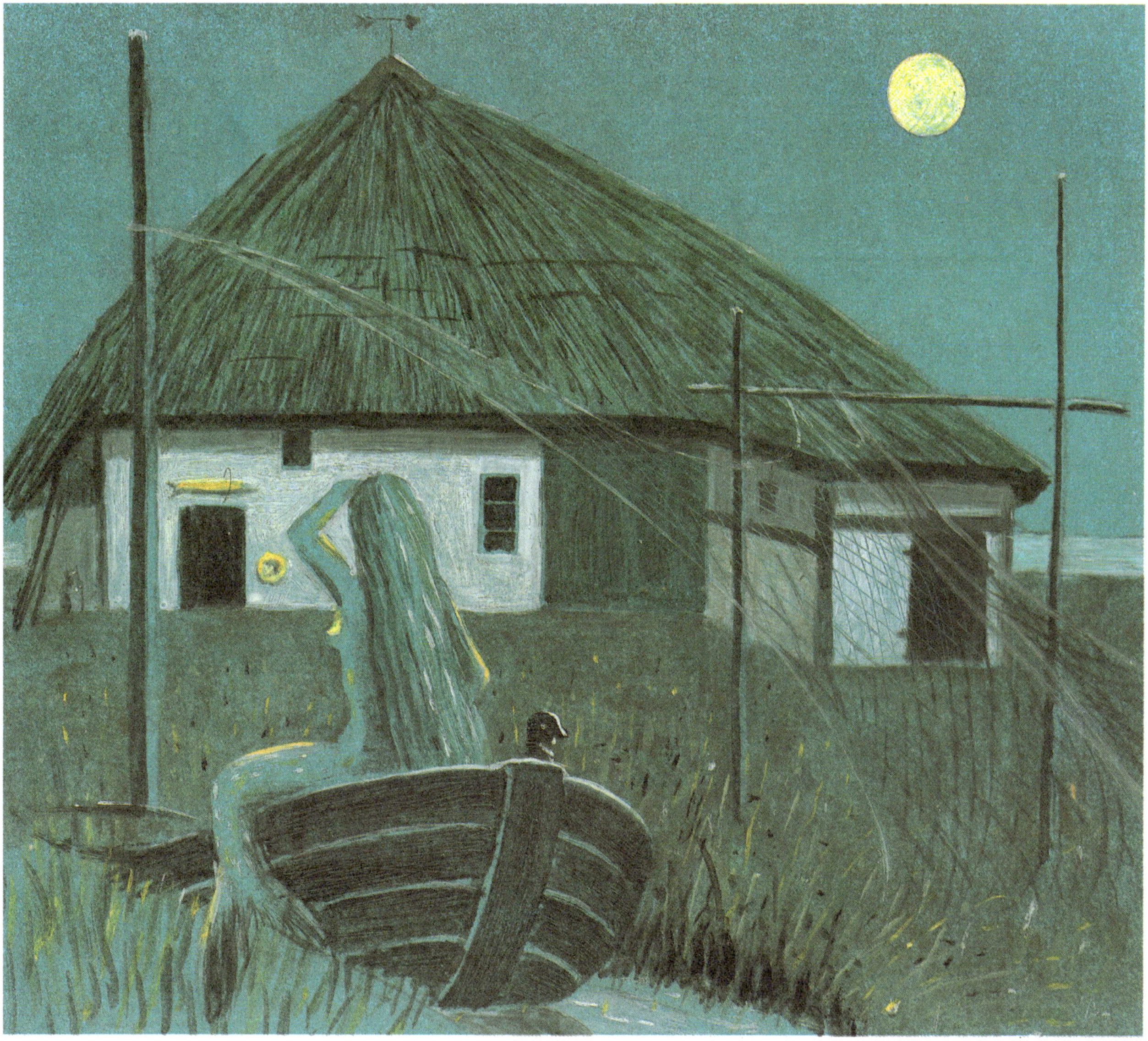

Ferdinand Freiligrath

(1810–1876)

Aus dem schlesischen Gebirge

„Nun werden grün die Brombeerhecken;
Hier schon ein Veilchen – welch ein Fest!
Die Amsel sucht sich dürre Stecken,
Und auch der Buchfink baut sein Nest.
Der Schnee ist überall gewichen,
Die Koppe nur sieht weiß ins Tal;
Ich habe mich von Haus geschlichen,
Hier ist der Ort – ich wag's einmal:
      Rübezahl!

Hört' er's? Ich seh ihm dreist entgegen!
Er ist nicht bös! Auf diesen Block
Will ich mein Leinwandpäckchen legen –
Es ist ein richt'ges volles Schock!
Und fein! Ja, dafür kann ich stehen!
Kein beßres wird gewebt im Tal –
Er läßt sich immer noch nicht sehen!
Drum frischen Mutes noch einmal:
      Rübezahl!

Kein Laut! – Ich bin ins Holz gegangen,
Daß er uns hilft in unsrer Not!
Oh, meiner Mutter blasse Wangen –
Im ganzen Haus kein Stückchen Brot!
Der Vater schritt zu Markt mit Fluchen –
Fänd er auch Käufer nur einmal!
Ich will's mit Rübezahl versuchen –
Wo bleibt er nur? Zum drittenmal:
        Rübezahl!

Er half so vielen schon vor Zeiten –
Großmutter hat mir's oft erzählt!
Ja, er ist gut den armen Leuten,
Die unverschuldet Elend quält!
So bin ich froh denn hergelaufen
Mit meiner richt'gen Ellenzahl!
Ich will nicht betteln, will verkaufen!
Oh, daß er käme! Rübezahl!
        Rübezahl!

Wenn dieses Päckchen ihm gefiele,
Vielleicht gar bät' er mehr sich aus!
Das wär mir recht! Ach, gar zu viele
Gleich schöne liegen noch zu Haus!
Die nähm er alle bis zum letzten!
Ach, fiel' auf dies doch seine Wahl!
Da löst' ich ein selbst die versetzten –
Das wär ein Jubel! Rübezahl!
        Rübezahl!

Dann trät ich froh ins kleine Zimmer,
Und riefe: Vater, Geld genug!
Dann flucht' er nicht, dann sagt' er nimmer:
Ich web euch nur ein Hungertuch!
Dann lächelte die Mutter wieder,
Und tischt' uns auf ein reichlich Mahl;
Dann jauchzten meine kleinen Brüder –
O käm, o käm er! Rübezahl!
        Rübezahl!"

So rief der dreizehnjähr'ge Knabe;
So stand und rief er, matt und bleich.
Umsonst! Nur dann und wann ein Rabe
Flog durch des Gnomen altes Reich.
So stand und paßt' er Stund auf Stunde,
Bis daß es dunkel ward im Tal
Und er halblaut mit zuckendem Munde
Ausrief durch Tränen noch einmal:
        „Rübezahl!"

Dann ließ er still das buschige Fleckchen,
Und zitterte und sagte: Hu!
Und schritt mit seinem Leinwandpäckchen
Dem Jammer seiner Heimat zu.
Oft ruht' er aus auf moos'gen Steinen,
Matt von der Bürde, die er trug.
Ich glaub, sein Vater webt dem Kleinen
Zum Hunger – bald das Leichentuch!
        – Rübezahl?!

Friedrich Hebbel
(1813–1863)

Schau ich in die tiefste Ferne

Schau ich in die tiefste Ferne
Meiner Kinderzeit hinab,
Steigt mit Vater und mit Mutter
Auch ein Hund aus seinem Grab.

Fröhlich kommt er hergesprungen,
Frischen Muts, den Staub der Gruft,
Wie so oft den Staub der Straße,
Von sich schüttelnd in der Luft.

Mit den treuen braunen Augen
Blickt er wieder auf zu mir,
Und er scheint wie einst zu mahnen:
Geh doch nur, ich folge dir!

Denn in unsrem Hause fehlte
Es an Dienern ganz und gar;
Doch die Mutter ließ mich laufen,
Wenn er mir zur Seite war.

Besser gab auch keine Amme
Je auf ihren Schützling acht,
Und er hatte schärfre Waffen
Und gebrauchte sie mit Macht.

Seine eignen Kameraden
Hielt er mit den Zähnen fern,
Und des Nachbars Katze ehrte
Ihn von selbst als ihren Herrn.

Doch wenn ich dem alten Brunnen
Spielend nahte hinterm Haus,
Bellte er mit heller Stimme
Meine Mutter gleich heraus.

Er erhielt von jedem Bissen
Seinen Teil, den ich bekam,
Und er war mir so ergeben,
Daß er selbst die Kirschen nahm.

Wie die beiden Dioskuren
Brachten wir die Tage hin,
Einer durch den andern glücklich,
Jede Stunde ein Gewinn.

Macht' ich nicht auch halb vom Tode
Meinen treuen Pollux frei,
Ließ ich's nur, weil ich nicht ahnte,
Daß ich selbst der Kastor sei.

Aber allzubald nur trübte
Uns der heitre Himmel sich;
Denn er hatte einen Fehler,
Diesen, daß er wuchs, wie ich.

Und an ihm erschien als Sünde,
Was an mir als Tugend galt,
Da man mich ums Wachsen lobte,
Aber ihn ums Wachsen schalt.

Immer größer ward der Hunger,
Immer kleiner ward das Brot,
Und der eine konnte essen,
Was die Mutter beiden bot.

Als ich eines Morgens fragte,
Sagte man, er wäre fort
Und entlaufen wie mein Hase;
Doch das war ein falsches Wort.

Noch denselben Abend kehrte
Er zu seinem Freund zurück,
Den zerbißnen Strick am Halse;
Doch das war ein kurzes Glück.

Denn, obgleich er mit ins Bette
Durfte, ach, ich bat so sehr,
War er morgens doch verschwunden,
Und ich sah ihn niemals mehr.

Ward er an die Eisenkette
Jetzt gelegt von seinem Herrn,
Oder fiel sein Los noch härter,
Weiß ich nicht, doch er blieb fern!

Schau ich in die tiefste Ferne
Meiner Kinderzeit hinab,
Steigt mit Vater und mit Mutter
Auch ein Hund aus seinem Grab.

Theodor Storm
(1817–1888)

Von Katzen

Vergangnen Maitag brachte meine Katze
Zur Welt sechs allerliebste kleine Kätzchen,
Maikätzchen, alle weiß mit schwarzen Schwänzchen.
Fürwahr, es war ein zierlich Wochenbettchen!
Die Köchin aber – Köchinnen sind grausam,
Und Menschlichkeit wächst nicht in einer Küche –,
Die wollte von den sechsen fünf ertränken,
Fünf weiße, schwarzgeschwänzte Maienkätzchen
Ermorden wollte dies verruchte Weib.
Ich half ihr heim! – Der Himmel segne
Mir meine Menschlichkeit! Die lieben Kätzchen,
Sie wuchsen auf und schritten binnen kurzem
Erhobnen Schwanzes über Hof und Herd;
Ja, wie die Köchin auch ingrimmig dreinsah,
Sie wuchsen auf, und nachts vor ihrem Fenster
Probierten sie die allerliebsten Stimmchen.
Ich aber, wie ich sie so wachsen sehe,
Ich pries mich selbst und meine Menschlichkeit. –
Ein Jahr ist um, und Katzen sind die Kätzchen,
Und Maitag ist's! – Wie soll ich es beschreiben,
Das Schauspiel, das sich jetzt vor mir entfaltet!
Mein ganzes Haus, vom Keller bis zum Giebel,
Ein jeder Winkel ist ein Wochenbettchen!
Hier liegt das eine, dort das andre Kätzchen,

In Schränken, Körben, unter Tisch und Treppen,
Die Alte gar – nein, es ist unaussprechlich,
Liegt in der Köchin jungfräulichem Bette!
Und jede, jede von den sieben Katzen
Hat sieben, denkt euch! sieben junge Kätzchen,
Maikätzchen, alle weiß mit schwarzen Schwänzchen!
Die Köchin rast, ich kann der blinden Wut
Nicht Schranken setzen dieses Frauenzimmers;
Ersäufen will sie alle neunundvierzig!
Mir selber! ach, mir läuft der Kopf davon –
O Menschlichkeit, wie soll ich dich bewahren!
Was fang ich an mit sechsundfünfzig Katzen! –

In Bulemanns Haus

Es klippt auf den Gassen im Mondenschein;
Das ist die zierliche Kleine,
Die geht auf ihren Pantöffelein
Behend und mutterseelenallein
Durch die Gassen im Mondenscheine.

Sie geht in ein alt verfallenes Haus;
Im Flur ist die Tafel gedecket,
Da tanzt vor dem Monde die Maus mit der Maus,
Da setzt sich das Kind mit den Mäusen zu Schmaus,
Die Tellerlein werden gelecket.

Und leer sind die Schüsseln, die Mäuslein im Nu
Verrascheln in Mauer und Holze;
Nun läßt es dem Mägdlein auch länger nicht Ruh,
Sie schüttelt ihr Kleidchen, sie schnürt sich die Schuh,
Dann tritt sie einher mit Stolze.

Es leuchtet ein Spiegel mit goldnem Gestell,
Da schaut sie hinein mit Lachen;
Gleich schaut auch heraus ein Mägdelein hell,
Das ist ihr einziger Spielgesell;
Nun wolln sie sich lustig machen.

Sie nickt voll Huld, ihr gehört ja das Reich;
Da neigt sich das Spiegelkindlein,
Da neigt sich das Kind vor dem Spiegel zugleich,
Da neigen sich beide gar anmutreich,
Da lächeln die rosigen Mündlein.

Und wie sie lächeln, so hebt sich der Fuß,
Es rauschen die seidenen Röcklein,
Die Händchen werfen sich Kuß um Kuß,
Das Kind mit dem Kinde nun tanzen muß,
Es tanzen im Nacken die Löcklein.

Der Mond scheint voll und voller herein,
Auf dem Estrich gaukeln die Flimmer:
Im Takte schweben die Mägdelein,
Bald tauchen sie tief in den Schatten hinein,
Bald stehn sie in bläulichem Schimmer.

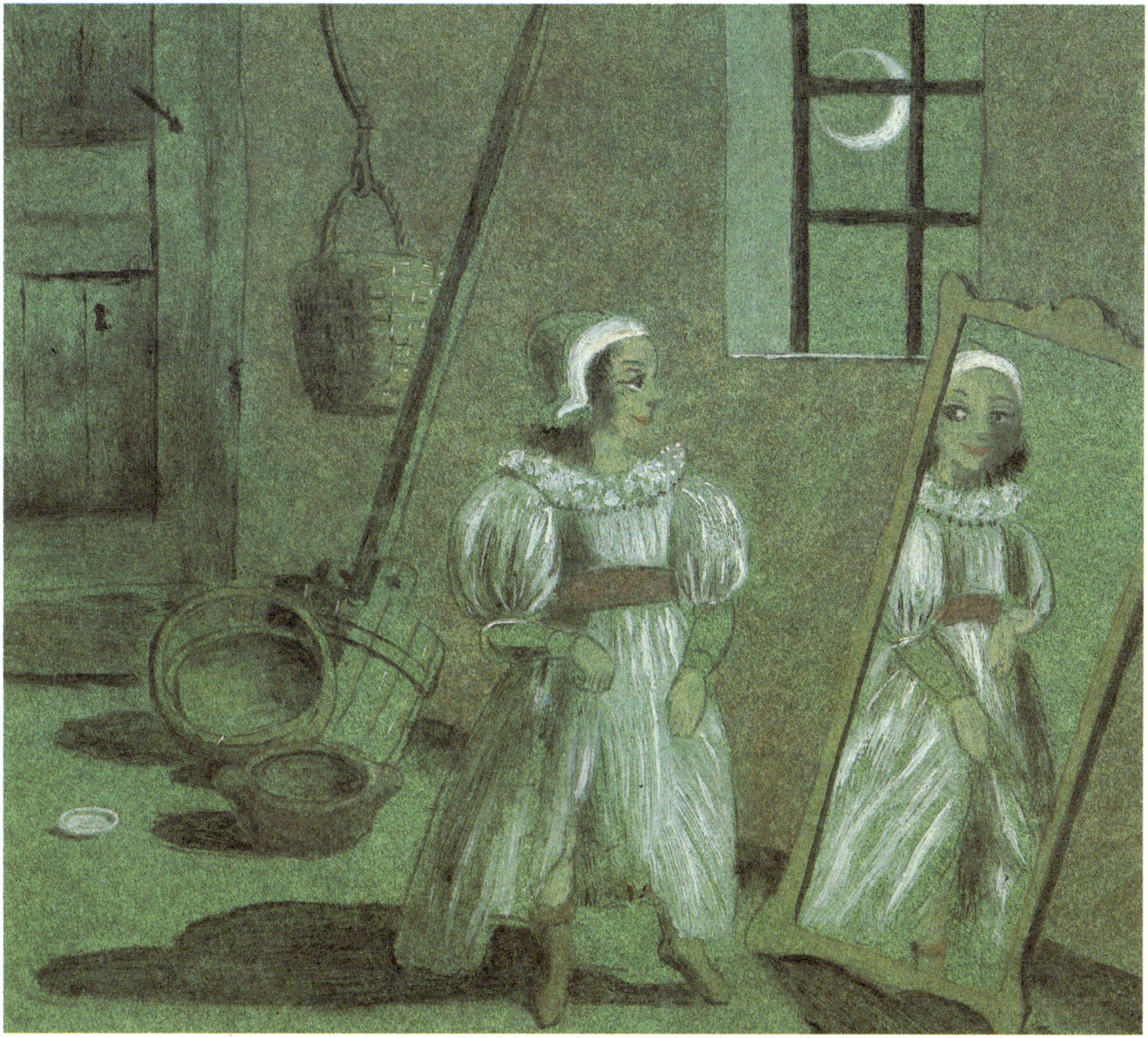

Nun sinken die Glieder, nun halten sie an
Und atmen aus Herzens Grunde;
Sie nahen sich schüchtern und beugen sich dann
und knien voreinander und rühren sich an
Mit dem zarten unschuldigen Munde.

Doch müde werden die beiden allein
Von all der heimlichen Wonne;
Sehnsüchtig flüstert das Mägdelein:
„Ich mag nicht mehr tanzen im Mondenschein,
Ach, käme doch endlich die Sonne!"

Sie klettert hinunter ein Trepplein schief
Und schleicht hinab in den Garten.
Die Sonne schlief, und die Grille schlief:
Hier will ich sitzen im Grase tief,
Und der Sonne will ich warten."

Doch als nun morgens um Busch und Gestein
Verhuschet das Dämmergemunkel,
Da werden dem Kind die Äuglein klein;
Sie tanzte zu lange beim Mondenschein,
Nun schläft sie beim Sonnengefunkel.

Nun liegt sie zwischen den Blumen dicht
Auf grünem, blitzendem Rasen,
Und es schauen ihr in das süße Gesicht
Die Nachtigall und das Sonnenlicht
Und die kleinen neugierigen Hasen.

Gottfried Keller
(1819–1890)

Sommernacht

Es wallt das Korn weit in die Runde,
Und wie ein Meer dehnt es sich aus;
Doch liegt auf seinem stillen Grunde
Nicht Seegewürm noch andrer Graus;
Da träumen Blumen nur von Kränzen
Und trinken der Gestirne Schein.
O goldnes Meer, dein friedlich Glänzen
Saugt meine Seele gierig ein!

In meiner Heimat grünen Talen,
Da herrscht ein alter schöner Brauch:
Wann hell die Sommersterne strahlen,
Der Glühwurm schimmert durch den Strauch,
Dann geht ein Flüstern und ein Winken,
Das sich dem Ährenfelde naht,
Da geht ein nächtlich Silberblinken
Von Sicheln durch die goldne Saat.

Das sind die Burschen jung und wacker,
Die sammeln sich im Feld zuhauf
Und suchen den gereiften Acker
Der Witwe oder Waise auf,
Die keines Vaters, keiner Brüder
Und keines Knechtes Hilfe weiß –
Ihr schneiden sie den Segen nieder,
Die reinste Lust ziert ihren Fleiß.

Schon sind die Garben fest gebunden
Und rasch in einen Ring gebracht;
Wie lieblich flohn die kurzen Stunden,
Es war ein Spiel in kühler Nacht!
Nun wird geschwärmt und hell gesungen
Im Garbenkreis, bis Morgenluft
Die nimmermüden braunen Jungen
Zur eignen schweren Arbeit ruft.

Der Taugenichts

Die ersten Veilchen waren schon
Erwacht im stillen Tal;
Ein Bettelpack stellt' seinen Thron
Ins Feld zum erstenmal.
Der Alte auf dem Rücken lag,
Das Weib, das wusch am See;
Bestaubt und unrein schmolz im Hag
Das letzte Häuflein Schnee.

Der Vollmond warf den Silberschein
Dem Bettler in die Hand,
Bestreut' der Frau mit Edelstein
Die Lumpen, die sie wand;
Ein linder West blies in die Glut
Von einem Dorngeflecht,
Drauf kocht' in Bettelmannes Hut
Ein sündengrauer Hecht.

Da kam der kleine Betteljung',
Vor Hunger schwach und matt,
Doch glühend in Begeisterung
Vom Streifen durch die Stadt,
Hielt eine Hyazinthe dar
In dunkelblauer Luft;
Dicht drängte sich der Kelchlein Schar,
Und selig war der Duft.

Der Vater rief: „Wohl hast du mir
Viel Pfennige gebracht?"
Der Knabe rief: „O sehet hier
Der Blume Zauberpracht!
Ich schlich zum goldnen Gittertor,
Sooft ich ging, zurück,
Bedacht nur, aus dem Wunderflor
Zu stehlen mir dies Glück!

O sehet nur, ich werde toll,
Die Glöcklein alle an!
Ihr Duft, so fremd und wundervoll,
Hat mir es angetan!
O schlaget nicht mich armen Wicht,
Laßt Euren Stecken ruhn!
Ich will ja nichts, mich hungert nicht,
Ich will's nicht wieder tun!"

„O wehe mir geschlagnem Tropf!"
Brach nun der Alte aus,
„Mein Kind kommt mit verrücktem Kopf
Anstatt mit Brot nach Haus!
Du Taugenichts, du Tagedieb
Und deiner Eltern Schmach!"
Und rüstig langt' er Hieb auf Hieb
Dem armen Jungen nach.

Im Zorn fraß er den Hecht, noch eh
Der gar gesotten war,
Schmiß weit die Gräte in den See
Und stülpt' den Filz aufs Haar.
Die Mutter schmält' mit sanftem Wort
Den mißgeratnen Sohn,
Der warf die Blume zitternd fort
Und hinkte still davon.

Es perlte seiner Tränen Fluß,
Er legte sich ins Gras
Und zog aus seinem wunden Fuß
Ein Stücklein scharfes Glas.
Der Gott der Taugenichtse rief
Der guten Nachtigall,
Daß sie dem Kind ein Liedchen pfiff
Zum Schlaf mit süßem Schall.

Spiel der Murmeltiere

In der Sonne vor dem Hause
Saß die Murmelfrau und säugte
Ihre Buben, die zu naschen
Ab und zu vom Spiele kamen.

Doch der Mann, der scharfbewehrte,
Rüstig mäht er Gras und Kräuter;
Kundig wie ein Pharmazeute
Wählt er nur, was fein und würzig.

Ausgebreitet lag die Ernte,
Trocknend in dem warmen Scheine,
Und die Kinder schlugen fröhlich
Purzelbäume auf den Mahden.

Doch der alte Schwiegervater
Legt sich jetzo auf den Rücken,
Der schon lange kahl gescheuert,
Und er streckt empor die Beine.

Und mit Heu, das herrlich duftet,
Wird er emsig hoch beladen,
Daß ein Fuder zierlich schwillt,
Fast von eines Zwergleins Höhe.

Und am Schwänzel mit den Zähnen
Wird das Fuhrwerk jetzt gezogen;
Stattlich schwankt es nach der Tanne,
Nach der klug gebauten Hofstatt.

Lust und Freude umhüpft es,
Nur die Murmelmutter sorgt sich:
Denn hoch oben auf dem Heuberg
Sitzt ein Bübchen, macht sein Männchen.

Wird es nicht den Kopf sich stoßen
An des Tores niederm Bogen?
Aber sieh den Schelm, er duckt sich,
Jubelnd fährt er mit hinunter!

Und sie sprangen, und sie sangen,
Tranken aus der klaren Quelle;
Und der Alte kroch zutage,
Putzte lachend sich den Pelz.

Theodor Fontane
(1819–1898)

Herr von Ribbeck auf Ribbeck im Havelland

Herr von Ribbeck auf Ribbeck im Havelland,
Ein Birnbaum in seinem Garten stand,
Und kam die goldene Herbsteszeit
Und die Birnen leuchteten weit und breit,
Da stopfte, wenn's Mittag vom Turme scholl,
Der von Ribbeck sich beide Taschen voll,
Und kam in Pantinen ein Junge daher,
So rief er: „Junge, wiste 'ne Beer?"
Und kam ein Mädel, so rief er: „Lütt Dirn,
Kumm man röwer, ick hebb 'ne Birn."

So ging es viele Jahre, bis lobesam
Der von Ribbeck auf Ribbeck zu sterben kam.
Er fühlte sein Ende. 's war Herbsteszeit,
Wieder lachten die Birnen weit und breit,
Da sagte von Ribbeck: „Ich scheide nun ab.
Legt mir eine Birne mit ins Grab."
Und drei Tage drauf, aus dem Doppeldachhaus,
Trugen von Ribbeck sie hinaus,
Alle Bauern und Büdner, mit Feiergesicht,
Sangen „Jesus meine Zuversicht",
Und die Kinder klagten, das Herze schwer:
„He is dod nu. Wer giwt uns nu 'ne Beer?"

So klagten die Kinder. Das war nicht recht –
Ach, sie kannten den alten Ribbeck schlecht;
Der *neue* freilich, der knausert und spart,
Hält Park und Birnbaum strenge verwahrt.
Aber der *alte*, vorahnend schon
Und voll Mißtraun gegen den eigenen Sohn,
Der wußte genau, was damals er tat,
Als um eine Birn' ins Grab er bat,
Und im dritten Jahr aus dem stillen Haus
Ein Birnbaumsprößling sproßt heraus.

Und die Jahre gehen wohl auf und ab,
Längst wölbt sich ein Birnbaum über dem Grab,
Und in der goldenen Herbsteszeit
Leuchtet's wieder weit und breit.
Und kommt ein Jung' übern Kirchhof her,
So flüstert's im Baume: „Wiste 'ne Beer?"
Und kommt ein Mädel, so flüstert's: „Lütt Dirn,
Kumm man röwer, ick gew di 'ne Birn."

So spendet Segen noch immer die Hand
Des von Ribbeck auf Ribbeck im Havelland.

John Maynard

John Maynard!
„Wer ist John Maynard?"

„John Maynard war unser Steuermann,
Aus hielt er, bis er das Ufer gewann,
Er hat uns gerettet, er trägt die Kron,
Er starb für uns, unsre Liebe sein Lohn.
                    John Maynard."

Die „Schwalbe" fliegt über den Eriesee,
Gischt schäumt um den Bug wie Flocken von Schnee;
Von Detroit fliegt sie nach Buffalo –
Die Herzen aber sind frei und froh,

Und die Passagiere mit Kindern und Fraun
Im Dämmerlicht schon das Ufer schaun,
Und plaudernd an John Maynard heran
Tritt alles: „Wie weit noch, Steuermann?"
Der schaut nach vorn und schaut in die Rund':
„Noch dreißig Minuten... Halbe Stund'."

Alle Herzen sind froh, alle Herzen sind frei –
Da klingt's aus dem Schiffsraum her wie Schrei,
„Feuer!" war es, was da klang,
Ein Qualm aus Kajüt' und Luke drang,
Ein Qualm, dann Flammen lichterloh,
Und noch zwanzig Minuten bis Buffalo.

Und die Passagiere, buntgemengt,
Am Bugspriet stehn sie zusammengedrängt,
Am Bugspriet vorn ist noch Luft und Licht,
Am Steuer aber lagert sich's dicht,
Und ein Jammern wird laut: „Wo sind wir, wo?"
Und noch fünfzehn Minuten bis Buffalo.

Der Zugwind wächst, doch die Qualmwolke steht,
Der Kapitän nach dem Steuer späht,
Er sieht nicht mehr seinen Steuermann,
Aber durchs Sprachrohr fragt er an:
„Noch da, John Maynard?"
     „Ja, Herr. Ich bin."
„Auf den Strand! In die Brandung!"
     „Ich halte drauf hin."
Und das Schiffsvolk jubelt: „Halt aus! Hallo!"
Und noch zehn Minuten bis Buffalo.

„Noch da, John Maynard?" Und Antwort schallt's
Mit ersterbender Stimme: „Ja, Herr, ich halt's!"
Und in die Brandung, was Klippe, was Stein,
Jagt er die „Schwalbe" mitten hinein.
Soll Rettung kommen, so kommt sie nur *so*.
Rettung: der Strand von Buffalo!

Das Schiff geborsten. Das Feuer verschwelt.
Gerettet alle. Nur *einer* fehlt!

Alle Glocken gehn; ihre Töne schwell'n
Himmelan aus Kirchen und Kapell'n,
Ein Klingen und Läuten, sonst schweigt die Stadt,
Ein Dienst nur, den sie heute hat:
Zehntausend folgen oder mehr,
Und kein Aug' im Zuge, das tränenleer.

Sie lassen den Sarg in Blumen hinab,
Mit Blumen schließen sie das Grab,
Und mit goldner Schrift in den Marmorstein
Schreibt die Stadt ihren Dankspruch ein:
  „Hier ruht John Maynard! In Qualm und Brand
  Hielt er das Steuer fest in der Hand,
  Er hat uns gerettet, er trägt die Kron',
  Er starb für *uns*, unsre Liebe sein Lohn.
                    John Maynard."

Conrad Ferdinand Meyer
(1825–1898)

Fingerhütchen

Liebe Kinder, wißt ihr, wo
Fingerhut zu Hause?
Tief im Tal von Acherloo
Hat er Herd und Klause;
Aber schon in jungen Tagen
Muß er einen Höcker tragen;
Geht er, wunderlicher nie
Wallte man auf Erden!
Sitzt er, staunen Kinn und Knie,
Daß sie Nachbarn werden.

Körbe flicht aus Binsen er,
Früh und spät sich regend,
Trägt sie zum Verkauf umher
In der ganzen Gegend,
Und er gäbe sich zufrieden,
Wär er nicht im Volk gemieden;
Denn man zischelt mancherlei:
Daß ein Hexenmeister,
Daß er kräuterkundig sei
Und im Bund der Geister.

Solches ist die Wahrheit nicht,
Ist ein leeres Meinen,
Doch das Volk im Dämmerlicht
Schaudert vor dem Kleinen.
So die Jungen wie die Alten
Weichen aus dem Ungestalten –
Doch vorüber wohlgemut
Auf des Schusters Räppchen
Trabt er. Blauer Fingerhut
Nickt von seinem Käppchen.

Einmal geht er heim bei Nacht
Nach des Tages Lasten,
Hat den halben Weg gemacht,
Darf ein bißchen rasten,
Setzt sich und den Korb daneben,
Schimmernd hebt der Mond sich eben:
Fingerhut ist gar nicht bang,
Ihm ist gar nicht schaurig,
Nur daß noch der Weg so lang,
Macht den Kleinen traurig.

Etwas hört er klingen fein –
Nicht mit rechten Dingen,
Mitten aus dem grünen Rain
Ein melodisch Singen:

„Silberfähre, gleitest leise" –
Schon verstummt die kurze Weise.
   Fingerhütchen spähet scharf
   Und kann nichts entdecken,
   Aber was er hören darf,
   Ist nicht zum Erschrecken.

   Wieder hebt das Liedchen an
   Unter Busch und Hecken,
   Doch es bleibt der Reimgespan
   Stets im Hügel stecken.
„Silberfähre, gleitest leise" –
Wiederum verstummt die Weise.
   Lieblich ist, doch einerlei
   Der Gesang der Elfen,
   Fingerhütchen fällt es bei,
   Ihnen einzuhelfen.

   Fingerhütchen lauert still
   Auf der Töne Leiter,
   Wie das Liedchen enden will,
   Führt er leicht es weiter:
„Silberfähre, gleitest leise" –
   „Ohne Ruder, ohne Gleise."
   Aus dem Hügel ruft's empor:
   „Das ist dir gelungen!"
   Unterm Boden kommt hervor
   Kleines Volk gesprungen.

„Fingerhütchen, Fingerhut",
   Lärmt die tolle Runde,

„Faß dir einen frischen Mut!
   Günstig ist die Stunde!
Silberfähre, gleitest leise
Ohne Ruder, ohne Gleise!
   Dieses hast du brav gemacht,
   lernet es, ihr Sänger!
   Wie du es zustand gebracht,
   Hübscher ist's und länger!

   Zeig dich einmal, schöner Mann!
   Laß dich einmal sehen:
   Vorn zuerst und hinten dann!
   Laß dich einmal drehen!
Weh! Was müssen wir erblicken!
Fingerhütchen, welch ein Rücken!
   Auf der Schulter, liebe Zeit,
   Trägst du grause Bürde!
   Ohne hübsche Leiblichkeit
   Was ist Geisteswürde?

   Eine ganze Stirne voll
   Glücklicher Gedanken,
   Unter einem Höcker soll
   Länger nicht sie schwanken!
Strecket euch, verkrümmte Glieder!
Garst'ger Buckel, purzle nieder!
   Fingerhut, nun bist du grad,
   Deines Fehls genesen!
   Heil zum schlanken Rückengrat!
   Heil zum neuen Wesen!"

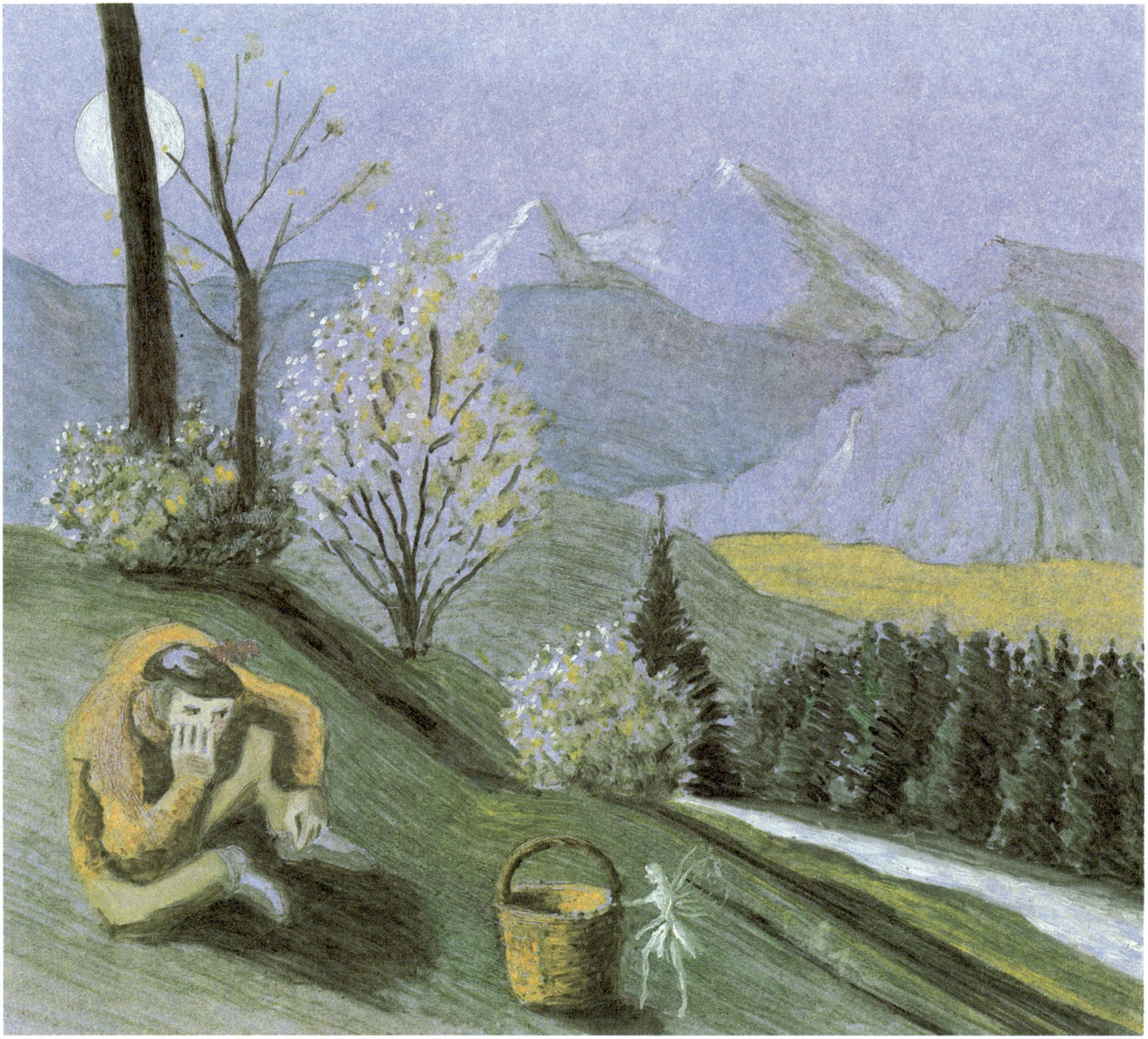

Plötzlich steckt der Elfenchor
Wieder tief im Raine,
Aus dem Hügelrund empor
Tönt's im Mondenscheine:
„Silberfähre, gleitest leise
Ohne Ruder, ohne Gleise."
Fingerhütchen wird es satt,
Wäre gern daheime,
Er entschlummert laß und matt
An dem eignen Reime.

Schlummert eine ganze Nacht
Auf derselben Stelle;
Wie er endlich auferwacht,
Scheint die Sonne helle:
Kühe weiden, Schafe grasen
Auf des Elfenhügels Rasen.
Fingerhut ist bald bekannt,
Läßt die Blicke schweifen,
Sachte dreht er dann die Hand,
Hinter sich zu greifen.

Ist ihm Heil im Traum geschehn?
Ist das Heil die Wahrheit?
Wird das Elfenwort bestehn
Vor des Tages Klarheit?
Und er tastet, tastet, tastet:
Unbebürdet! Unbelastet!
„Jetzt bin ich ein grader Mann!"
Jauchzt er ohne Ende,
Wie ein Hirschlein jagt er dann
Übers Feld behende.

Fingerhut steht plötzlich still,
Tastet leicht und leise,
Ob er wieder wachsen will?
Nein, in keiner Weise!
Selig preist er Nacht und Stunde,
Da er sang im Geisterbunde –
Fingerhütchen wandelt schlank,
Gleich als hätt' er Flügel,
Seit er schlummernd niedersank
Nachts am Elfenhügel.

Wilhelm Busch
(1832–1908)

Der Schatz

Der Stoffel wankte frohbewegt
Spät in der Nacht nach Haus.
Da ging, wie das zu kommen pflegt,
Ihm seine Pfeife aus.

Wer raucht, der raucht nicht gerne kalt.
Wie freut sich Stoffel da,
Als er ganz dicht vor sich im Wald
Ein Kohlenfeuer sah.

Die Kohlen glühn in einem Topf.
Der frohe Stoffel drückt
Gleich eine in den Pfeifenkopf
Und zieht als wie verrückt.

Wohl sieht er, wie die Kohle glüht,
Nur daß sie gar nicht brennt.
Da überläuft es sein Gemüt,
Er flucht Potzsapperment.

Das Wort war hier nicht recht am Platz.
Es folgt ein Donnerschlag.
Versunken ist der Zauberschatz
Bis an den Jüngsten Tag.

Von nun an, denkt der Stoffel schlau,
Schweig ich am rechten Ort.
Er kehrte heim zu seiner Frau
Und sprach kein einzig Wort.

Der Begleiter

Hans, der soeben in der Stadt
Sein fettes Schwein verwertet hat,
Ging spät nach Haus bei Mondenschein.
Ein Fremder folgt und holt ihn ein.
Grüß Gott, rief Hans, das trifft sich gut,
Zu zweit verdoppelt sich der Mut.
Der Fremde denkt: Ha sapperlot!
Der Kerl hat Geld, ich schlag ihn tot,
Nur nicht von vorn, daß er es sieht,
Dagegen sträubt sich mein Gemüt.
Und weiter gehn sie allgemach,
Der Hans zuvor, der Fremde nach.
Jetzt, denkt sich dieser, mach ich's ab,
Er hob bereits den Knotenstab.
Was gilt die Butter denn bei euch?
Fragt Hans und dreht sich um zugleich.
Der Fremde schweigt, der Fremde stutzt,
Der Knittel senkt sich unbenutzt.
Und weiter gehn sie allgemach,
der eine vor, der andre nach.
Hier, wo die dunklen Tannen stehn,
Hier, denkt der Fremde, soll's geschehn.
Spielt man auch Skat bei euch zuland?
Fragt Hans und hat sich umgewandt.
Der Fremde nickt und steht verdutzt,
Der Knittel senkt sich unbenutzt.
Und weiter gehn sie allgemach,
Der eine vor, der andre nach.
Hier, denkt der Fremde, wo das Moor,
Hier hau ich fest ihm hinters Ohr.
Und wieder dreht der Hans sich um.
Prost, ruft er fröhlich, mögt Ihr Rum?
Und zieht ein Fläschchen aus dem Rock.
Der Fremde senkt den Knotenstock,
Tut einen Zug, der war nicht schwach,
Und weiter gehn sie allgemach.
Schon sind sie aus dem Wald heraus,
Und schau, da steht das erste Haus.
Es kräht der Hahn, es bellt der Spitz.
Dies, ruft der Hans, ist mein Besitz.
Tritt ein, du ehrlicher Gesell,
Und nimm den Dank für dein Geleit.
Doch der Gesell entfernt sich schnell,
Vermutlich aus Bescheidenheit.

Fuchs und Gans

Es war die erste Maiennacht.
Kein Mensch im Dorf hat mehr gewacht.
Da hielten, wie es stets der Fall,
Die Tiere ihren Frühlingsball.

Die Gans, die gute Adelheid,
Fehlt nie bei solcher Festlichkeit,
Obgleich man sie nach altem Brauch
Zu necken pflegt. So heute auch.

Frau Schnabel, nannte sie der Kater,
Frau Plattfuß, rief der Ziegenvater;
Doch sie, zwar lächelnd, aber kühl,
Hüllt sich in sanftes Selbstgefühl.

So saß sie denn in ödem Schweigen
Allein für sich bei Spiel und Reigen,
Bei Freudenlärm und Jubeljux.
Sieh da, zum Schluß hat auch der Fuchs
Sich ungeladen eingedrängelt.
Schlau hat er sich herangeschlängelt.

Ihr Diener, säuselt er galant,
Wie geht's der Schönsten in Brabant?
Ich küß der gnäd'gen Frau den Fittich.
Ist noch ein Tänzchen frei, so bitt ich.

Sie nickt verschämt: O Herr Baron!
Indem so walzen sie auch schon.
Wie trippeln die Füße, wie wippeln die Schwänze
Im lustigen Kehraus, dem letzten der Tänze.
Da tönt es vier mit lautem Schlag
Das Fest ist aus. Es naht der Tag. –

Bald drauf, im frühsten Morgenschimmer,
ging Mutter Urschel aus wie immer,
Mit Korb und Sichel, um verstohlen
sich etwas fremden Klee zu holen.
An einer Hecke bleibt sie stehn:
Herrje, was ist denn hier geschehn?
Die Füchse, sag ich, soll man rädern.
Das sind wahrhaftig Gänsefedern.
Ein frisches Ei liegt dicht daneben.
Ich bin so frei, es aufzuheben.
Ach, armes Tier, sprach sie bewegt,
Dies Ei hast du vor Angst gelegt.

Detlev von Liliencron
(1844–1909)

Das Kind mit dem Gravensteiner

Ein kleines Mädchen von sechs, sieben Jahren
Mit Kornblumenaugen und strohgelben Haaren
Kommt mit einem Apfel gesprungen,
Hat ihn wie einen Ball geschwungen,
Von einer Hand ihn in die andre geflitzt,
Daß er blendend im grellen Sonnenlicht blitzt.
Sie sieht im Hofe hochaufgetürmt
Einen Holzstoß und ist gleich hingestürmt.
Und wie ein Kätzchen, katzenleicht,
Hat sie schnell die Spitze erreicht
Und hockt nun dort und will mit Begehren
Den glänzenden, goldgelben Apfel verzehren.
Da, holterdipolter! pardauz! pardau!
Bricht zusammen der künstliche Bau.
Wie bei Bergrutsch und Felsenbeben
Haben Bretter und Scheite nachgegeben;
Wie alle neun im Kegelspiel
So alles übereinanderfiel.
Die Leute im Hofe haben's gehört
Und laufen hin entsetzt und verstört;
Die Mutter liegt ohnmächtig, Gott erbarm,
Einem raschen Nachbarn im hilfreichen Arm.
Nun geht's ans Räumen der Trümmer von oben,
Vorsichtig wird Stück für Stück gehoben,

Vorsichtig geht's weiter in dumpfem Schweigen,
Der Atem stockt: was wird sich zeigen?
Da – sitzt in einer gewölbten Halle
Das lächelnde Kind wie die Maus in der Falle,
Hat schon vergessen den Purzelschrecken
Und beißt in den Apfel und läßt sich's schmecken.

Kleine Geschichte

Frühsommer war's, am Nachmittag,
Der Weißdorn stand in Blüte;
Ich ging allein durch Feld und Hag
Mit sehnendem Gemüte.

Es trieb mich in den Tag hinein
Ein zärtliches Verlangen
Nach dunkler Laube Dämmerschein
Und weichen Mädchenwangen.

Ich fand ein Wirtshaus, alt, bestroht,
Umringt von Baumgardinen.
Die alte Frau am Eingang bot
Gebäck und Apfelsinen.

Im Garten: Schaukeln, Karussell,
Und Zelte, übersonnte;
Ein Scheibenstand, wo man als Tell
Den Apfel schießen konnte.

Den Affen zeigt Savoyens Sohn,
Die Kegelkugeln rollen.
Dort steigt ein roter Luftballon,
Um den die Kinder tollen.

Musik, Gelächter, Hopsassa;
Wo bleibt das hübsche Mädchen?
Da plötzlich in dem Trallala
Ein allerliebstes Kätchen.

Das war ein gar zu liebes Ding,
Goldregenüberbogen,
Just kam ein blauer Schmetterling
Dicht ihr vorbeigeflogen.

Ich stutzte überraschungsfroh,
Schaut' ihr in Auges Tiefe.
Wenn auch ihr Blick mich immer floh,
Die Augen waren Briefe:

„Geh langsam durch den Garten hier,
 Auf buntbelebten Wegen.
Wir treffen uns, ich komme dir
 Von ungefähr entgegen."

So wandr' ich denn, und wie der Dieb
Schiel ich in Näh und Weite,
Ob bei der Mutter sie verblieb,
Ob sie mir an der Seite.

Indessen steht sie neben mir,
Ich kann nicht Worte finden;
Ein zwei, drei Zoll lang Fädchen schier
Könnt uns zusammenbinden.

Im Saale trommelt's, quiekt und quakt
Der Geiger und der Pfeifer.
Wir tanzen bald im regen Takt
Den alten deutschen Schleifer.

Ich drücke sanft die kleine Hand,
Sie drückt die Hand mir wieder.
Wo dann den Weg ich mit ihr fand,
Da leuchtete der Flieder.

„Bleib hier, bleib hier, bis Tageslicht
 Und letztes Rot verblassen."
„Ach, Liebster, länger darf ich nicht
 Die Mutter warten lassen."

„Bleib hier, ich zeige dir den Stern,
 Wo einst wir uns gesehen;
Sieht er uns hier vom Himmel fern,
 Dann bleibt er grüßend stehen."

„Laß mich, Herzallerliebster mein,
 Die Mutter sucht im Garten."
„So schleiche ich dir hinterdrein
 Und will im Dunkel warten.

Wenn alles schwarz und still im Haus,
Dann wart ich in der Laube.
Wenn alles still, dann komm heraus,
Du meine weiße Taube."

Es klinkt die Tür, und gleich darauf
huscht sie zu mir hernieder.
„Pst, nicht so stürmisch, hör doch auf,
Du weckst die Mutter wieder."

Von tausend Welten überdacht,
Die ruhig weitergehen,
Es zog ein Stern um Mitternacht,
Und grüßend blieb er stehen.

Ballade in U-Dur

Es lebte Herr Kunz von Karfunkel
mit seiner verrunzelten Kunkel
auf seinem Schlosse Punkpunkel
in Stille und Sturm.
Seine Lebensgeschichte war dunkel,
es murmelte manch Gemunkel
um seinen Turm.

Täglich ließ er sich sehen
beim Auf- und Niedergehen
in den herrlichen Ulmenalleen
seines adligen Guts.
Zuweilen blieb er stehen
und ließ die Federn wehen
seines Freiherrnhuts.

Er war just hundert Jahre,
hatte schneeschlohweiße Haare
und kam mit sich ins klare:
Ich sterbe nicht.
Weg mit der verfluchten Bahre
und ähnlicher Leichenware!
Hol sie die Gicht!

Werd' ich, neugiertrunken
ins Gartengras hingesunken,
entdeckt von dem alten Halunken,
dann grunzt er plump:
Töw, Sumpfhuhn, ick will di glicks tunken
in den Uhlenpfuhl zu den Unken,
du schrumpliger Lump.

Einst lag ich im Verstecke
im Park an der Rosenhecke,
da kam auf der Ulmenstrecke
etwas angemufft.
Ich bebe, ich erschrecke:
Ohne Sense kommt mit Geblecke
der Tod, der Schuft.

Und von der andern Seite,
mit dem Krückstock als Geleite,
in knurrigem Geschreite,
kommt auch einer her.
Der sieht nicht in die Weite,
der sieht nicht in die Breite,
geht gedankenschwer.

Hallo, du kleine Mücke,
meckert der Tod voll Tücke,
hier ist eine Gräberlücke,
hinunter ins Loch!
Erlaube, daß ich dich pflücke,
sonst hau ich dir auf die Perücke,
oller Knasterknoch.

Der alte Herr, mit Grimassen,
tut seinen Krückstock festfassen:
Was hast du hier aufzupassen,
du Uhu du!
Weg da aus meinen Gassen
sonst will ich dich abschrammen lassen
zur Uriansruh!

Sein Krückstock saust behende
auf die dürren, gierigen Hände,
die Knöchel- und Knochenverbände:
Knicksknucksknacks.
Freund Hein schreit: Au, mach ein Ende!
Au, au, ich lauf ins Gelände
nach Haus schnurstracks.

Noch heut' lebt Herr Kunz von Karfunkel
mit seiner verrunzelten Kunkel
auf seinem Schloß Punkpunkel
in Stille und Sturm.
Seine Lebensgeschichte ist dunkel,
es murmelt und raunt manch Gemunkel
um seinen Turm.

Der Heidebrand

„Herr Hardesvogt, vom Whisttisch weg,
 Viel Menschen sind in Gefahr.
 Es brennt die Heide von Djernisbeg
 Und das Moor von Munkbrarupkar."
Schon steh ich im Bügel, schon bin ich im Sitz,
In den Sattel springt der Gendarm wie der Blitz.
Just schlägt es im Städtchen Glock zwölfe;
 Wir reiten, als hetzten uns Wölfe.

Hier schläft ein Garten in Mitternachtsruh,
 Dort dämmert im Mondschein der Busch.
Und Felder und Wälder verschwinden im Nu,
 Wir fliegen vorüber im Husch.
Und sieh, in der Ebne stäubt Funkengeschwärm,
Schon murmelt herüber verworrener Lärm.
Es gilt! Die Sporen dem Pferde,
 Der Leibgurt berührt fast die Erde.

Runter vom Gaule, wir sind am Ort
Und stehn in Rauch und Qualm.
Das Feuer frißt gierig: das Kraut ist verdorrt,
Vom Sommer vertrocknet der Halm.
Inmitten der dampfenden Pußta, o Graus,
Lodert hell ein einzelnes Haus.
Und aus dem sengenden Schilfe
Ruft's markerschütternd um Hilfe.

Sechshundert Mann gruben den Graben breit
Und geboten dem Feuer Haltein,
Sechshundert Mann sind zum Retten bereit
Und schauen verzweiflungsvoll drein:
Unmöglich ist es, zum brennenden Haus
Sich durchzukämpfen, vergeblicher Strauß,
Denn kaum sind im Torfe die Sohlen,
So rösten sie schon wie Kohlen.

Das Schreien wird schwächer, dann hat es ein End',
Das Haus ist abgebrannt.
In der Heide züngelt es, zischelt und brennt,
Doch nur bis zum Grabenrand.
Im Osten zeigt sich ein purpurner Streif,
Auf Ähren und Blumen und Gras fällt der Reif.
Und ruhig im alten Bogen
Kommt die Sonne heraufgezogen.

Und nun heran! Wer hat es getan?
Wer weiß, wie das Feuer entstand?
Wer hat es entzündet mit flackerndem Span?
Nur heran, wer die Spuren fand.

Kein Junge hütete Gans oder Schaf,
Die Heide lag gestern im Sonntagsschlaf.
Und wie noch die Frage besprochen,
Da kommt was den Sandweg gekrochen.

Es humpelt heran ein kümmerlich Weib,
Sie stützt sich schwer auf den Stock,
Viel Jahre drücken den alten Leib,
Von Erde beschmutzt ist der Rock.
Das ist Wiebke Peters, und Wieb ist gefeit,
„Der gehörte die Kate!" so ruft es und schreit.
Mit Jubel umringt sie die Menge,
Doch Wieb wackelt aus dem Gedränge.

Und stellt sich grade vor mir auf,
Und blinzelt hin übers Moor.
Und all die Leute stehn zuhauf,
Ein gestikulierender Chor.
So wartet sie lange, ich laß ihr die Ruh,
Zuweilen schließt sie die Augen zu.
Ich kann's vom Gesicht ihr schon lesen:
„Herr Hardesvogt, *ich* bin's gewesen."

„Wiebke Peters, erzähle, was weißt du vom Brand,
Wie kam das Feuer so schnell?"
Die Tränen fallen ihr auf die Hand,
Ihr Schluchzen klingt wie Gebell.
Dann wieder lacht sie vor sich hin,
Und ganz verwirrt scheint plötzlich ihr Sinn.
Und, wie nach genossener Rache,
Läßt sie höhnisch sich aus zur Sache:

„Die Kate, in der ich geboren war,
Die abgebrannt diese Nacht,
In der hatt' ich an achtzig Jahr
Mich mühsam durchs Leben gebracht.
Mein Mann starb früh; ein Sohn blieb nach,
Der ließ mich im Stich, als ich krank war und schwach.
Oft hab ich ihm bittend geschrieben,
Doch stets ist er weggeblieben.

Vergangnes Jahr endlich kehrt' er zurück,
Und fordert', ich solle hinaus
Und dann, ein altes verbrauchtes Stück,
Verwelken im Armenhaus.
Ich bat die Gerichte, die halfen mir auch;
Im Schornstein zog wieder der einsame Rauch.
Da kam nochmals vor einigen Tagen
Mein Sohn mit Weib und mit Wagen.

Und gestern, Herr, gestern um Mittagszeit,
Ich konnte doch nichts dafür,
Daß meinetwegen Zank und Streit,
Sie warfen mich aus der Tür.
Ich schlug mir die alten Knochen wund,
Und liegen blieb ich wie 'n Hund.
Dann trieb mich ein heißes Verlangen,
Und ich bin zu Nis Nissen gegangen.

Dort kauft' ich Zündhölzer, Petroleum
Und ging aufs Feld hinaus.
Und als am Abend alles stumm,
Schlich ich wie 'ne Füchsin ans Haus.
Ich horchte am Laden, an Ritz und Spalt;
Daß alles im Schlafe, ich merkt' es bald.
Und eh sie erwachten beide,
Entzündete rings ich die Heide.

Vom Walde sah ich den Feuerschein,
Es lachte mir das Herz.
Den Angstruf hört' ich, das Hilfeschrein,
Es lachte mir das Herz.
Und als die Kate zusammenschlug,
Meine Seele zum Himmel ein Amen trug.
Das, Herr, ist meine Geschichte;
Hier stell ich mich dem Gerichte."

Jakob Loewenberg
(1856–1929)

Die Roggenmuhme

Das Mägdlein spielt auf dem grünen Rain,
die bunten Blumen locken.
„Nicht sieht mich die Mutter." – Ins Korn hinein
schleicht sacht es auf weichen Socken.

„Die roten und blauen Blumen, wie schön!
Die will ich zum Kranz mir winden;
doch weiter hinein ins Feld muß ich gehn,
dort werd ich die schönsten finden."

Und weiter eilt es. Gefüllt ist die Hand,
da will es zurück sich wenden.
Es läuft und läuft und steht wie gebannt,
das Korn will nimmer enden.

„Hinaus zum Rain, zum Sonnenlicht!
Wo blieb die Mutter, die süße?"
Die Halme schlagen ihm ins Gesicht,
die Winde umschlingt ihm die Füße.

Und horch! Da rauschte unheimlich bang,
die Ähren wallen und wogen.
„Da kommt – ach, daß ich der Mutter entsprang!
Die Roggenmuhme gezogen!"

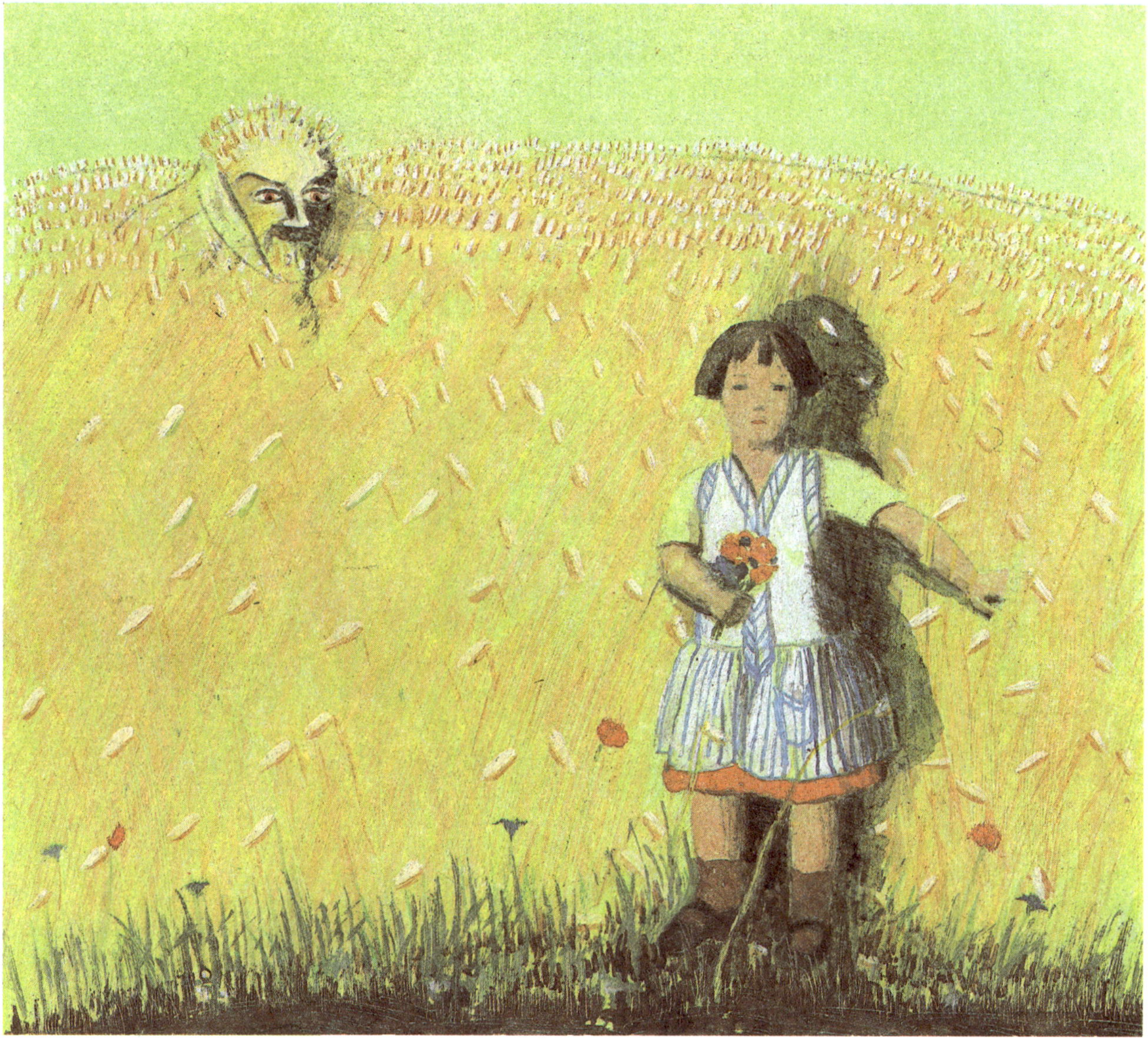

Sie kommt heran auf Windesfahrt,
die roten Augen blitzen,
gelb ist die Wange, langstachlicht ihr Bart,
Die Haare sind Ährenspitzen.

„Wie kommst du her in mein Revier
und gehst auf verbotenen Pfaden?
Was raubst du meine Kinder mir,
Kornblumen und Mohn und Raden?

Weh dir!" Sie streckt die Hand nach ihm aus,
es fühlt die stechenden Grannen.
„Nimm hin deine Blumen, und laß mich nach Haus!"
Und bebend stürzt es von dannen.

Fort, fort zur Mutter! das Korn nimmt kein End',
vergebens will es entwischen,
die Roggenmuhme dicht hinter ihm rennt,
die Ähren höhnen und zischen.

Schon fühlt es, wie ihr Arm es umschlingt.
„Erbarme dich mein, erbarme!"
Dort ist der Rain –, o Mutter!" – Da sinkt
das Kind ihr tot in die Arme.

Otto Ernst

(1862–1926)

Lütt Jan

Jan Boje wünscht sich lange schon
ein Schiff – ach Gott, wie lange schon!
Ein Schiff so groß – ein Schiff – hurra:
Von hier bis nach Amerika.

Die höchsten Tannen sind zu klein,
die Masten müßten Türme sein,
die stießen – hei, was ist dabei? –
klingling das Himmelsdach entzwei.

Die Wolken wären Segel gut,
die knallen wild im Wind vor Wut;
Jan Boje hängt am Klüverbaum
und strampelt nackt im Wellenschaum.

Jan baumelt an der Reling, Jan!
Und schaukelt, was er schaukeln kann.
Wenn's an die Planken plitscht und platscht,
der blanke Steer ins Wasser klatscht.

Wie greift er da die Fische flink:
Ein Butt bei jedem Wellenblink!
Die dörrt auf Deck der Sonnenschein,
und Jantje beißt vergnügt hinein.

Jan Boje segelt immerfort,
spuckt über Back- und Steuerbord
und kommt zurück trotz Schabernack,
das ganze Schiff voll Kautabak.

Wer aber ist Jan Boje, he?
Der Teufelsmaat und Held zur See?
Jan Boje ist ein Fischerjung',
ein Knirps, ein Kerl, ein frischer Jung'.

Grad liegt er auf dem Bauch im Sand
und lenkt ein schwimmend Brett am Band,
und ob die Woge kommt und geht,
ob sich sein Brett im Wirbel dreht –:
Sein starrer Blick ins Ferne steht!

Da schwillt's heran im Sonnengleiß
von tausend Segeln breit und weiß;
da hebt sich manch ein Riesenbug
wie düstrer Spuk und Augentrug…

Nis Randers

Krachen und Heulen und berstende Nacht,
Dunkel und Flammen in rasender Jagd –
Ein Schrei durch die Brandung!

Und brennt der Himmel, so sieht man's gut:
Ein Wrack auf der Sandbank! Noch wiegt es die Flut;
Gleich holt sich's der Abgrund.

Nis Randers lugt – und ohne Hast
Spricht er: „Da hängt noch ein Mann am Mast;
Wir müssen ihn holen."

Da faßt ihn die Mutter: „Du steigst mir nicht ein!
Dich will ich behalten, du bliebst mir allein,
Ich will's, deine Mutter!

Dein Vater ging unter und Momme, mein Sohn,
Drei Jahre verschollen ist Uwe schon,
Mein Uwe, mein Uwe!"

Nis tritt auf die Brücke. Die Mutter ihm nach!
Er weist nach dem Wrack und spricht gemach:
„Und seine Mutter?"

Nun springt er ins Boot und mit ihm noch sechs:
Hohes, hartes Friesengewächs;
Schon sausen die Ruder.

Boot oben, Boot unten, ein Höllentanz!
Nun muß es zerschmettern! Nein: Es blieb ganz!
Wie lange? Wie lange?

Mit feurigen Geißeln peitscht das Meer
Die menschenfressenden Rosse daher;
Sie schnauben und schäumen.

Wie hechelnde Hast sie zusammenzwingt!
Eins auf den Nacken des andern springt
Mit stampfenden Hufen!

Drei Wetter zusammen! Nun brennt die Welt!
Was da? – Ein Boot, das landwärts hält –
Sie sind es! Sie kommen!

Und Auge und Ohr ins Dunkel gespannt.
Still – ruft da nicht einer? – Er schreit's durch die Hand:
„Sagt Mutter, 's ist Uwe!"

Christian Morgenstern
(1871–1914)

Der Sperling und das Känguruh

In seinem Zaun das Känguruh –
es hockt und guckt dem Sperling zu.

Der Sperling sitzt auf dem Gebäude –
doch ohne sonderliche Freude.

Vielmehr, er fühlt, den Kopf geduckt,
wie ihn das Känguruh beguckt.

Der Sperling sträubt den Federflaus –
die Sache ist auch gar zu kraus.

Ihm ist, als ob er kaum noch säße...
Wenn nun das Känguruh ihn fräße?!

Doch dieses dreht nach einer Stunde
den Kopf aus irgendeinem Grunde,

vielleicht auch ohne tiefern Sinn,
nach einer andern Richtung hin.

Die Mausefalle

I

Palmström hat nicht Speck im Haus,
dahingegen eine Maus.

Korf, bewegt von seinem Jammer,
baut ihm eine Gitterkammer.

Und mit einer Geige fein
setzt er seinen Freund hinein.

Nacht ist's, und die Sterne funkeln.
Palmström musiziert im Dunkeln.

Und derweil er konzertiert,
kommt die Maus hereinspaziert.

Hinter ihr, geheimerweise,
fällt die Pforte leicht und leise.

Vor ihr sinkt in Schlaf alsbald
Palmströms schweigende Gestalt.

II

Morgens kommt v. Korf und lädt
das so nützliche Gerät

in den nächsten, sozusagen
mittelgroßen Möbelwagen,

den ein starkes Roß beschwingt
nach der fernen Waldung bringt,

wo in tiefer Einsamkeit
er das seltne Paar befreit.

Erst spaziert die Maus heraus
und dann Palmström, nach der Maus.

Froh genießt das Tier der neuen
Heimat, ohne sich zu scheuen.

Während Palmström, glückverklärt,
mit v. Korf nach Hause fährt.

Der Werwolf

Ein Werwolf eines Nachts entwich
von Weib und Kind und sich begab
an eines Dorfschullehrers Grab
und bat ihn: „Bitte, beuge mich!"

Der Dorfschulmeister stieg hinauf
auf seines Blechschilds Messingknauf
und sprach zum Wolf, der seine Pfoten
geduldig kreuzte vor dem Toten:

„Der Werwolf", sprach der gute Mann,
„des Weswolfs, Genitiv sodann,
dem Wemwolf, Dativ, wie man's nennt,
den Wenwolf, – damit hat's ein End."

Dem Werwolf schmeichelten die Fälle,
er rollte seine Augenbälle.
„Indessen", bat er, „füge doch
zur Einzahl auch die Mehrzahl noch!"

Der Dorfschulmeister aber mußte
gestehn, daß er von ihr nichts wußte.
Zwar Wölfe gäb's in großer Schar,
doch „Wer" gäb's nur im Singular.

Der Wolf erhob sich tränenblind –
er hatte ja doch Weib und Kind!!
Doch da er kein Gelehrter eben,
so schied er dankend und ergeben.

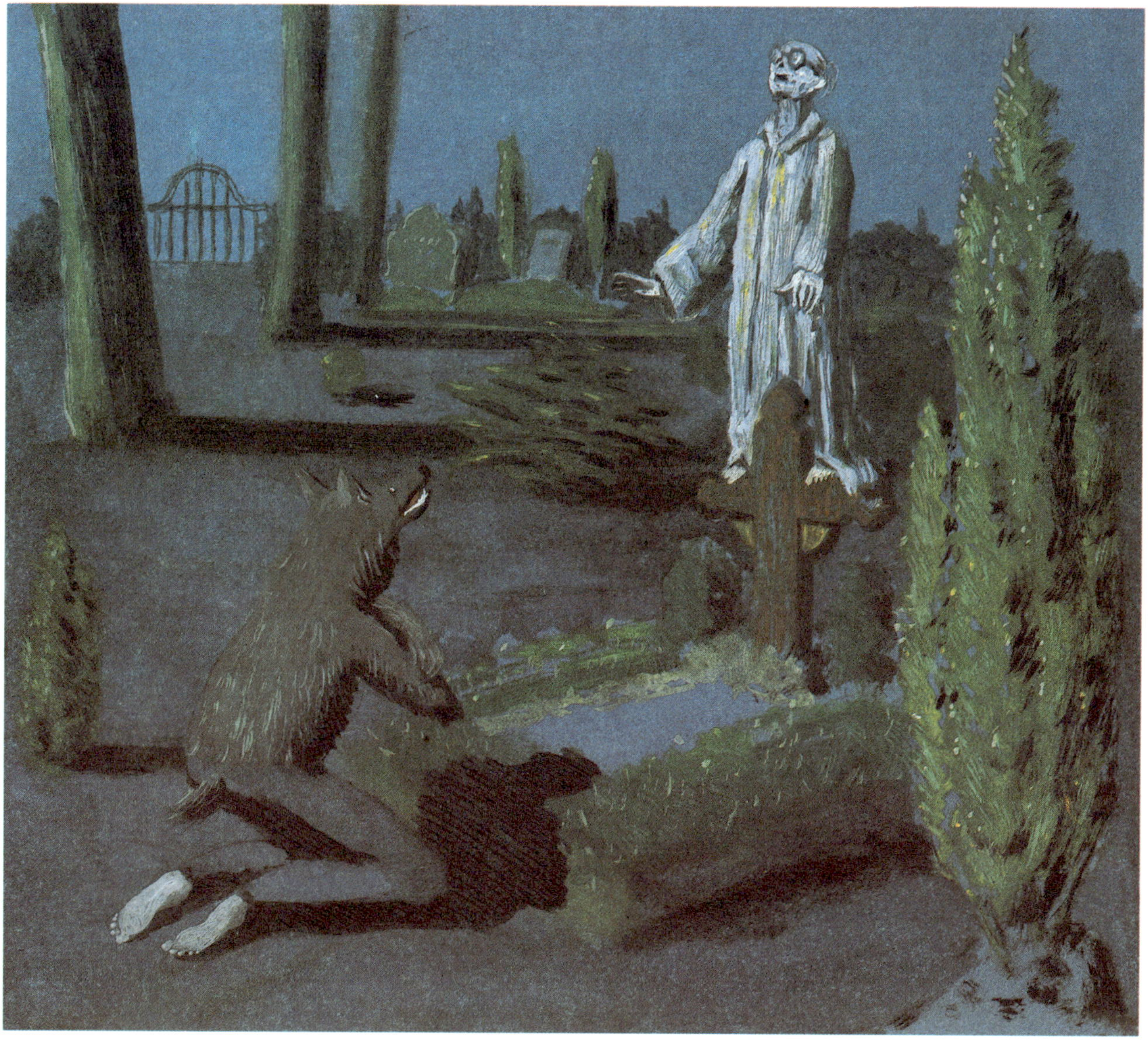

Erich Weinert
(1890–1953)

John Scheer und Genossen

Es geht durch die Nacht. Die Nacht ist kalt.
Der Fahrer bremst. Sie halten im Wald.
Zehn Mann geheime Staatspolizei.
Vier Kommunisten sitzen dabei,
    John Scheer und Genossen.

Der Transportführer sagt: „Kein Mensch zu sehn."
John Scheer fragt: „Warum bleiben wir stehn?"
Der Führer flüstert: „Die Sache geht glatt!"
Nun wissen sie, was es geschlagen hat,
    John Scheer und Genossen.

Sie sehn, wie die ihre Pistolen ziehn.
John Scheer fragt: „Nicht wahr, jetzt müssen wir fliehn?"
Die Kerle lachen. „Na, wird es bald?
Runter vom Wagen und 'rein in den Wald,
    John Scheer und Genossen!"

John Scheer sagt: „So habt ihr es immer gemacht!
So habt ihr Karl Liebknecht umgebracht!"
Der Führer brüllt: „Schmeißt die Bande 'raus!"
Und schweigend steigen die viere aus,
    John Scheer und Genossen.

Sie schleppen sie in den dunklen Wald.
Und zwölfmal knallt es und widerhallt.
Da liegen sie mit erloschenem Blick,
Jeder drei Nahschüsse im Genick,
    John Scheer und Genossen.

Der Wagen saust nach Berlin zurück,
Das Schauhaus quittiert: „Geliefert vier Stück."
Der Transportführer schreibt ins Lieferbuch:
„Vier Kommunistenführer, beim Fluchtversuch,
    John Scheer und Genossen."

Dann begibt er sich in den Marmorsaal
Zum General, der den Mord befahl.
Er stellt ihn, mitten im brausenden Ball.
„Zu Befehl, Exzellenz! Erledigt der Fall
    John Scheer und Genossen."

Erledigt der Fall? Bis zu einem Tag!
Da kracht seine Türe vom Kolbenschlag.
Er springt aus dem Bett. „Was wollt ihr von mir?"
„Komm mit, Exzellenz! Die Abrechnung für
    John Scheer und Genossen!"

Johannes R. Becher
(1891–1958)

Ballade von den Dreien

Der Offizier rief: „Grabt den Juden ein!"
Der Russe aber sagte trotzig: „Nein!"

Da stellten sie den in das Grab hinein.
Der Jude aber blickte trotzig: „Nein!"

Der Offizier rief: „Grabt die beiden ein!"
Ein Deutscher trat hervor und sagte: „Nein!"

Der Offizier rief: „Stellt ihn zu den zwein!
Grabt ihn mit ein! Das will ein Deutscher sein!"

Und Deutsche gruben auch den Deutschen ein.

Bertolt Brecht
(1898–1956)

Die Teppichweber von Kujan-Bulak ehren Lenin

I

Oftmals wurde geehrt und ausgiebig
Der Genosse Lenin. Büsten gibt es und Standbilder.
Städte wurden nach ihm benannt und Kinder.
Reden werden gehalten in vielerlei Sprachen.
Versammlungen gibt es und Demonstrationen
Von Shanghai bis Chicago, Lenin zu Ehren.
So aber ehrten ihn die Teppichweber von Kujan-Bulak
Kleiner Ortschaft im südlichen Turkestan:

Zwanzig Teppichweber stehen dort abends
Fiebergeschüttelt auf von dem ärmlichen Webstuhl.
Fieber geht um: die Bahnstation
Ist erfüllt von dem Summen der Stechmücken dicker Wolke
Die sich erhebt aus dem Sumpf hinter dem alten Kamelfriedhof.
Aber die Eisenbahn, die
Alle zwei Wochen Wasser und Rauch bringt, bringt
Eines Tages die Nachricht auch
Daß der Tag der Ehrung des Genossen Lenin bevorsteht.
Und es beschließen die Leute von Kujan-Bulak
Arme Leute, Teppichweber
Daß dem Genossen Lenin auch in ihrer Ortschaft
Aufgestellt werde die gipserne Büste.

Als nun aber das Geld gesammelt wird für die Büste
Stehen sie alle geschüttelt vom Fieber und zahlen
Ihre mühsam erworbnen Kopeken mit fliegenden Händen
Und der Rotarmist Stepa Gamalew, der
Sorgsam Zählende und genau Schauende
Sieht die Bereitschaft, Lenin zu ehren, und freut sich
Aber er sieht auch die unsicheren Hände.
Und er macht plötzlich den Vorschlag
Mit dem Geld für die Büste Petroleum zu kaufen und
Es auf den Sumpf zu gießen hinter dem Kamelfriedhof
Von dem her die Stechmücken kommen, welche
Das Fieber erzeugen.
So also das Fieber zu bekämpfen in Kujan-Bulak, und zwar
Zu Ehren des gestorbenen, aber
Nicht zu vergessenden
Genossen Lenin.

Sie beschlossen es. An dem Tage der Ehrung trugen sie
Ihre zerbeulten Eimer, gefüllt mit dem schwarzen Petroleum
Einer hinter dem andern hinaus
Und begossen den Sumpf damit.

So nützten sie sich, indem sie Lenin ehrten, und
Ehrten ihn, indem sie sich nützten, und hatten ihn
Also verstanden.

2

Wir haben gehört, wie die Leute von Kujan-Bulak
Lenin ehrten. Als nun am Abend
Das Petroleum gekauft und ausgegossen über dem Sumpf war
Stand ein Mann auf in der Versammlung, und der verlangte
Daß eine Tafel angebracht würde an der Bahnstation
Mit dem Bericht dieses Vorgangs, enthaltend
Auch genau den geänderten Plan und den Eintausch der
Leninbüste gegen die fiebervernichtende Tonne Petroleum.
Und dies alles zu Ehren Lenins.
Und sie machten auch das noch
Und setzten die Tafel.

Legende von der Entstehung
des Buches Taoteking
auf dem Weg des Laotse
in die Emigration

1

Als er Siebzig war und war gebrechlich
Drängte es den Lehrer doch nach Ruh
Denn die Güte war im Lande wieder einmal schwächlich
Und die Bosheit nahm an Kräften wieder einmal zu.
Und er gürtete den Schuh.

2

Und er packte ein, was er so brauchte:
Wenig. Doch es wurde dies und das.
So die Pfeife, die er immer abends rauchte
Und das Büchlein, das er immer las.
Weißbrot nach dem Augenmaß.

3

Freute sich des Tals noch einmal und vergaß es
Als er ins Gebirg den Weg einschlug.
Und sein Ochse freute sich des frischen Grases
Kauend, während er den Alten trug.
Denn dem ging es schnell genug.

4

Doch am vierten Tag im Felsgesteine
Hat ein Zöllner ihm den Weg verwehrt:
„Kostbarkeiten zu verzollen?" – „Keine."
Und der Knabe, der den Ochsen führte, sprach:
    „Er hat gelehrt."
Und so war auch das geklärt.

5

Doch der Mann in einer heitren Regung
Fragte noch: „Hat er was rausgekriegt?"
Sprach der Knabe: „Daß das weiche Wasser in Bewegung
Mit der Zeit den mächtigen Stein besiegt.
Du verstehst, das Harte unterliegt."

6

Daß er nicht das letzte Tageslicht verlöre
Trieb der Knabe nun den Ochsen an
Und die drei verschwanden schon um eine schwarze Föhre
Da kam plötzlich Fahrt in unsern Mann
Und er schrie: „He, du! Halt an!"

7

Was ist das mit diesem Wasser, Alter?"
Hielt der Alte: „Interessiert es dich?"
Sprach der Mann: „Ich bin nur Zollverwalter
Doch wer wen besiegt, das interessiert auch mich.
Wenn du's weißt, dann sprich!

8

Schreib mir's auf! Diktier es diesem Kinde!
So was nimmt man doch nicht mit sich fort.
Da gibt's doch Papier bei uns und Tinte
Und ein Nachtmahl gibt es auch: ich wohne dort.
Nun, ist das ein Wort?"

9

Über seine Schulter sah der Alte
Auf den Mann: Flickjoppe. Keine Schuh.
Und die Stirne eine einzige Falte.
Ach, kein Sieger trat da auf ihn zu.
Und er murmelte: „Auch du?"

10

Eine höfliche Bitte abzuschlagen
War der Alte, wie es schien, zu alt.
Denn er sagte laut: „Die etwas fragen
Die verdienen Antwort." Sprach der Knabe:
    „Es wird auch schon kalt."
„Gut, ein kleiner Aufenthalt."

11

Und von seinem Ochsen stieg der Weise
Sieben Tage schrieben sie zu zweit
Und der Zöllner brachte Essen (und er
    fluchte nur noch leise
Mit den Schmugglern in der ganzen Zeit).
Und dann war's soweit.

12

Und dem Zöllner händigte der Knabe
Eines Morgens einundachtzig Sprüche ein.
Und mit Dank für eine kleine Reisegabe
Bogen sie um jene Föhre ins Gestein.
Sagt jetzt: kann man höflicher sein?

13

Aber rühmen wir nicht nur den Weisen
Dessen Name auf dem Buche prangt!
Denn man muß dem Weisen seine Weisheit
    erst entreißen.
Darum sei der Zöllner auch bedankt:
Er hat sie ihm abverlangt.

Erich Arendt
(1903–1984)

Ballade von der Selbsthilfe

Olivenbäume vor Castellón.
Die Kinder freuen aufs Pflücken sich schon:
   Öl wird aus den Steinmühlen fließen.

Es zittern die Bauern von Castellón.
Denn tragen die Häscher die Ernte davon,
   Öl werden die Kinder nicht sehen.

Oliven reiften bei Sonne und Mond.
Hat sich das Neigen der Bäume gelohnt?
   Die Dörfer vorm Einschlafen fragen.

Und Kinder und Frauen und Männer sind
Ins Gezweig gestiegen. Hilfreicher Wind
   Biegt ihnen die Früchte entgegen.

In Gängen, in Ställen stehn dunkel gehäuft
Olivenberge. Und morgen läuft
   Das Mahlrad: Der Hunger wird schwinden.

Des Horizontes staubweißes Licht
Zerweht. Mit unbewegtem Gesicht
   Nahn Leuteschinder und Räuber.

Wohl hundert Bauern stehen Spalier.
Sie lächeln am Weg. Sie neigen sich hier,
　　Als kämen nun Freunde zum Feste.

Das Lächeln erschreckt den Kommissar;
Seit Jahren die Freude verschwunden war
　　Aus lebenden, toten Gesichtern.

„Die Früchte warten. Sie liegen gepflückt
In unseren Hütten." – Wie höflich bückt
　　Der Bauer sich, steinern sein Lächeln!

„Die Ernte war gut. Gestattet uns Armen,
Den Trunk euch zu bieten, dem Vogt, den Gendarmen,
　　In unsren bescheidenen Mauern!"

Es warten die Bäume von Castellón.
Der Vogt trägt morgen die Ernte davon.
　　Öl werden die Kinder nicht sehen.

Mit lachenden Bauern der Raubvogt säuft.
Er wiehert: Im Dorf sind die Früchte gehäuft.
　　Im Rausche schwankt die Bodega.

Die Bauern umdrängen den Eintreibevogt.
Die Leiber wie Felsen. Er steht umwogt
　　Von wachsamen Erdengestalten.

Sie prosten ihm zu beim Glühlampenlicht.
Die Bauernaugen umkreisen ihn dicht:
　　schwarzbrennende Distelsterne.

Sie tanzen mit ihm im Erdschollenschritt.
Gendarme und Schinder, sie tanzen mit.
   Fern schweigt der Hain der Oliven.

Die Bauern singen. Ihr Haßlied bricht
Aus erdwunden Kehlen ins Henkergesicht:
   Im Singen aufknirschen die Zähne:

„Es lebe die Freiheit!" – Das Licht erlischt
Im dröhnenden Raum. Und die Stille zischt
   Mit schwarzer blutiger Zunge.

Gendarme und Vogt, vom Dunkel gefällt.
Der Zorn der Hütten zerschlägt die Welt
   Des Unrechts, des Raubes, der Schande.

Kein Täter war da, der den Dolchstoß stieß.
Ein ganzes Dorf sie sterben hieß,
   Durch die alle Bauern gelitten.

Öl floß aus der Steinmühlen mahlendem Mund.
Es preisen die Berge den Heldenmut und
   Die Kameradschaft der Hütten.

Stephan Hermlin

(geb. 1915)

Die Fahne von Kriwoj Rog

In Mansfeld war's vor Jahren,
Daß man mit einer Fahne zog.
Gesandt den Häuern von Mansfeld
Von den Häuern von Kriwoj Rog,

Einer Stadt in der Ukraine,
Dort gräbt man auch nach Erz,
In der Sowjetunion und in Deutschland
Schlug das gleiche Herz.

Der Zellenleiter vom Paulschacht
Nahm die Fahne in seine Hut,
Schwur, sie zu bewahren
Mehr als sein eignes Blut.

Als die Nazis kamen,
Wollten sie die Fahne verbrennen.
Kamen zu dem Zellenleiter,
Er sollt das Versteck nennen.

Er tat's nicht. Und sie sperrten
Ihn in ihr Lager ein,
Quälten ihn Jahr um Jahr.
Er blieb bei seinem Nein.

In diesen Jahren haben
Sie ihren Vertrag gebrochen
Und in Rußland gewürgt,
Geschossen und gestochen.

Sie zogen gegen Rußland,
Nannten es der Deutschen Feind;
Der im Lager kannte Rußland
Als der Arbeiter besten Freund.

Es gab damals so manchen,
Der vor den Braunen kroch –
Das Herz der Klasse schlug leise,
Aber es schlug immer noch.

Sie brachten ein Denkmal von Lenin,
Das sie drüben gestohlen hatten,
Um es einzuschmelzen
Für Geschütze und Granaten.

In der Krughütte waren Leute,
Verbargen es wie einen Schatz.
Als die Rote Armee kam,
Stand das Denkmal auf dem Platz.

Auch der Mann im Lager
Wurde von ihr befreit,
Er hat nicht nur die Fahne
Bewahrt in der Schande Zeit.

Er wahrte die große Freundschaft
Und die Ehre des Volks. Wir nennen
Ihn Genosse Brosowski.
Jeder soll ihn kennen.

Und als von Kriwoj Rog die Fahne überm Lande flog,
War's Lenin, der mit seinen Söhnen ehernen Schritts einzog.

Peter Hacks
(geb. 1928)

Ballade vom schweren Leben des Ritters Kauz vom Rabensee

Es war ein alter Ritter,
Herr Kauz vom Rabensee.
Wenn er nicht schlief, dann stritt er.
Er hieß: der Eiserne.

Sein Mantel war aus Eisen,
Aus Eisen sein Habit.
Sein Schuh war auch aus Eisen.
Sein Schneider war der Schmied.

Ging er auf einer Brücke
Über den Rhein – pardauz!
Sie brach in tausend Stücke.
So schwer war der Herr Kauz.

Lehnt er an einer Brüstung,
Es macht sofort: pardauz!
So schwer war seine Rüstung.
So schwer war der Herr Kauz.

Und ging nach solchem Drama
Zu Bett er, müd' wie Blei;
Sein eiserner Pyjama
Brach auch das Bett entzwei.

Der Winter kam mit Schnaufen,
Mit Kälte und mit Schnee.
Herr Kauz ging Schlittschuh laufen
Wohl auf dem Rabensee.

Er glitt noch eine Strecke
Aufs stille Eis hinaus.
Da brach er durch die Decke
Und in die Worte aus:

Potz Bomben und Gewitter,
Ich glaube, ich ersauf!
Dann gab der alte Ritter
Sein schweres Leben auf.

Ladislaus und Komkarlinchen

Es war einmal ein Landsknecht,
Der hatte eine Maus,
Die Maus hieß Komkarlinchen,
Der Landsknecht Ladislaus.

Der Landsknecht liebt das Kämpfen,
Die Beute und die Ehr,
Aber sein Komkarlinchen,
Das liebt er noch viel mehr.

Sie aß von seinem Brote,
Sie schlief in seinem Bart,
Sie wohnt' in seiner Tasche
Auf weiter Kriegesfahrt.

Nur wenn in eine Schlacht ging
Der Landsknecht mit der Maus,
Sprang sie ihm aus dem Rock und
Nahm wie der Wind Reißaus.

Da wurd er sehr bekümmert
Und lief ihr hinterher
Die Kreuz und auch die Quere
Durchs ganze römische Heer.

Und weil sie lief nach hinten
Und niemals lief nach vorn,
Ging ohne ihn die Schlacht halt
Gewonnen und verlor'n.

Der Krieg wurd immer älter,
Der Krieg wurd dreißig Jahr,
Älter, als mancher Landsknecht
Alt geworden war.

Und die das Kämpfen liebten,
Die Beute und die Ehr,
Die lagen schon begraben
In Sachsen und am Meer.

Jedoch aus allen Wettern
Kam heilen Leibs heraus
Dank seinem Komkarlinchen
Der Landsknecht Ladislaus.

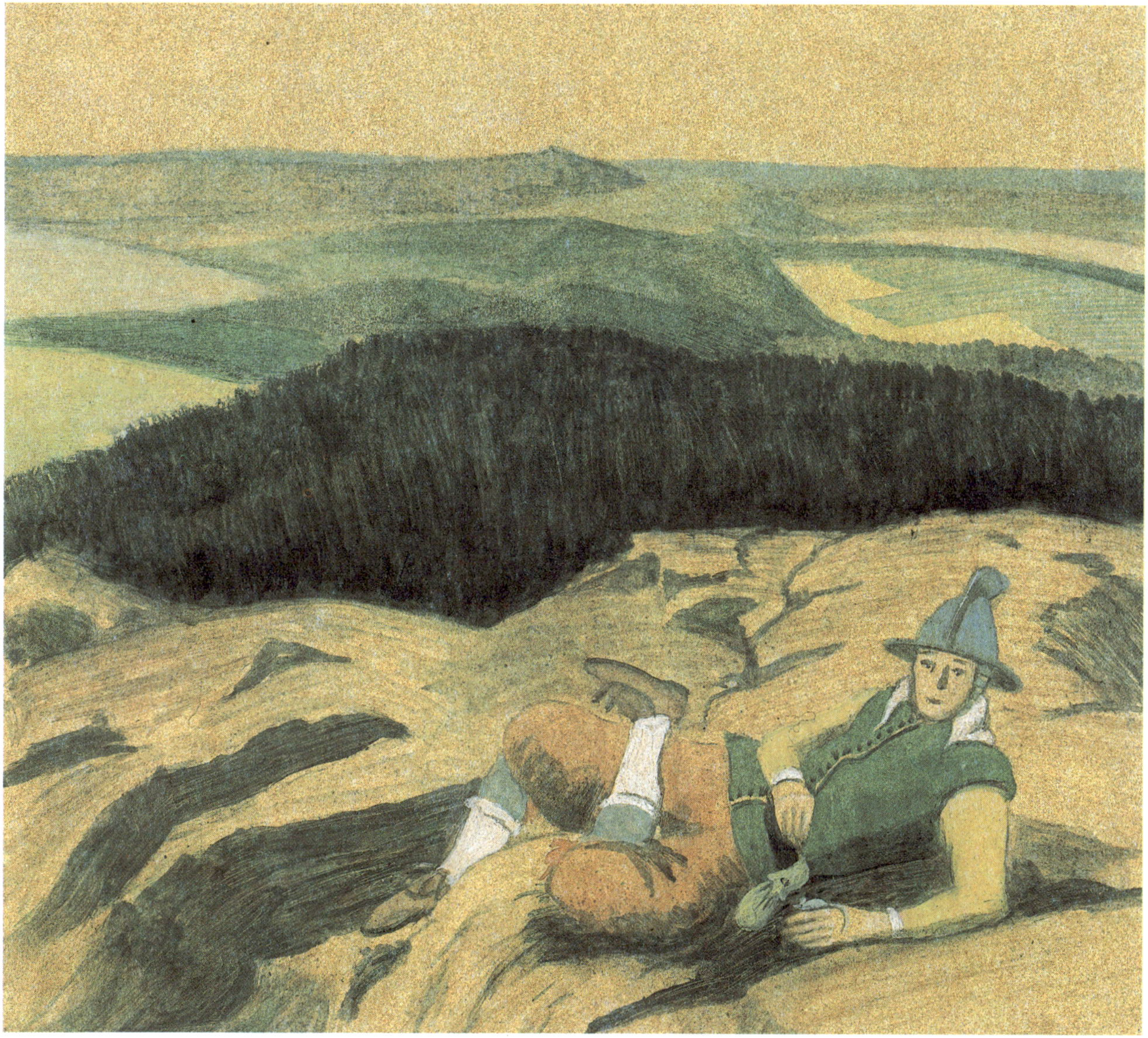

Der Fährmann von Mautern

Hol über! rufen die Reisenden,
Wenn sie wollen gefahren sein
Von der Stadt Stein nach Mautern
Oder von Mautern nach Stein.

Dann kommt der alte Fährmann
Und setzt sie über den Fluß,
Den Ritter, den Kaufmann, jeden,
Der zahlt und weiter muß.

Und wieder schallts: Hol über!
Eines Tags von der Steiner Seit.
Und wie der Fährmann hinschaut,
Da ists ein Fisch, der schreit.

Ein Fisch mit runden Augen
Und steht am Landesteg
Und wartet in der Sonne,
Daß die Fähre anleg.

Heiliger Christophorus!
Der Fährmann sprichts voll Grimm,
Und spricht: Ein Fisch hat Flossen,
Wer Flossen hat, der schwimm.

Das wurd noch nie gehöret,
Daß ein Fisch Fähre fuhr,
Das duld ich nicht, das leid ich nicht,
Das kränket die Natur.

Ich will meine Zähne verlieren
Und alle Haare dazu,
Und wegsterben solln mir die Hände,
Wenn ich das tu.

Der Fisch spuckt auf die Bank
Aus seinen Kiemenfalten
Einen Berg von Talern,
Teils jahrhundertalten.

Die hatte er gesammelt
Flußauf, flußab auf dem Grund
In Kreuzern und Hellern und Pfennigen
Und eingewechselt zu Passau.

Anblickt der Fährmann die Taler.
Der Fisch steigt auf das Floß.
Einsteckt der Fährmann die Taler
Und macht los.

Und stakt in des Flusses Silber
Hinein mit nervigem Arm,
Und der Fisch läßt sich bescheinen
Von der Sonne warm.

Und klatscht mit dem Schwanze
Vor Fröhlichkeit,
Bis sie beide aufstoßen
Auf der Mauterner Seit.

Da geht der Fisch von der Fähre,
Da steht er oben am Damm
Und springt ins Wasser zurück
Dorthin, wo er her kam.

Dem Fährmann stockt der Atem.
Bleich wird sein Gesicht.
Sein weißer Bart war weißer
Als sein Antlitz nicht.

Er wendet sich vom Flusse
Und legt sich zu Bette, und stumm
Dreht er nach vier Tagen
Zur schattigen Wand sich um.

Die Fähre zu übernehmen,
Wollt kein andrer Fährmann sich traun.
Sie mußten von Stein nach Mautern
Eine teure Brücke baun.

Heinz Kahlau

(geb. 1931)

Legende

Aus der Zeit, als sich Besitz noch lohnte,
bringt uns die Legende den Bericht,
daß bei Häuslern auch ein Weiser wohnte,
der belehrte sie aus Menschenpflicht.

Güter hatte dieser Meister keine.
Auf dem Stroh des Feldes lag sein Haupt.
Sandig war sein Brot und dünn die Weine,
doch ihm wurde, wenn er sprach, geglaubt.

Zwischen Hütten, schief, mit krummem Rücken,
stand sein Dach – recht windig war sein Haus.
Wer da einging, hatte sich zu bücken –
doch die Leute gingen ein und aus.

Abends ging er oftmals auf die Märkte,
setzte sich und sah den Händlern zu.
Sah den Töpfer, wie er sang und werkte,
legte sich gedankenvoll zur Ruh.

Einmal drang von seinem Tun die Kunde
zu dem reichsten Manne seiner Stadt.
Dieser holte ihn zur Mittagsstunde,
fragte ihn, was er zu lehren hat.

Und er setzte ihn, den niemals satten,
auf den besten Platz an seinem Tisch.
Zeigte ihm die fleischgefüllten Platten,
ließ ihn riechen an Gebäck und Fisch.

Sagte heiter: „Ist von deinen Sprüchen
einer mehr als diese Schnepfe wert,
dann befehle ich, dir aufzutischen,
du kannst essen, was dein Herz begehrt."

Groß war das Gelächter auf dem Feste.
Achtundzwanzig auserwählte Herrn
waren dieses Mannes Mittagsgäste,
denn sie hatten seine Späße gern.

Seufzend rieb der Weise seinen Magen,
sog den süßen Duft der Speisen ein,
war bereit, die Kränkung zu ertragen,
und ging willig auf den Handel ein.

Lächelnd griff er in die Mantelfalte,
suchte lange, bis er endlich fand,
und dann hielt der krumme, weise Alte
eine schöne Kette in der Hand.

Zwischen seinen Greisenfingern glänzten
dreißig Perlen, hell wie Sonnenschein.
Und es schien, als ob sie sich ergänzten,
alle waren gleichermaßen weiß und rein.

Alles staunte. Er sah um sich, sagte:
„Dreißig Perlen, keine scheint euch schlecht.
Als ich meinen kranken Lehrer fragte,
sprach er sterbend: ‚Eine ist nur echt.

Nimm die Kette, nimm dazu die Lehre:
Viele Jahre suchte meine Hand,
welche wohl die echte Perle wäre.
Suche du – ich hab sie nie erkannt.

Viele glänzen, wähnen sich erhoben
und sind innen immer stumpf und blind.
Nur das Salz der Wahrheit kann erproben,
wo die wirklich echten Perlen sind!'

So mein Lehrer. Friede seiner Asche!"
Sprach der Alte. Stille war im Haus.
Dann tat er die Perlen in die Tasche,
schwieg und aß und trank und ging hinaus.

Die Brüder

Sie saßen sich beim Essen gegenüber
und wuchsen mit den gleichen Lehrern auf.
Die gleichen Pflichten wurden ihnen über,
die gleichen Strafen nahmen sie in Kauf.

Sie gingen noch zum gleichen Meister dienen,
wo einer ging, kam auch der andere her.
Noch immer gab es Stille zwischen ihnen,
doch ihre Mädchen glichen sich nicht mehr.

Dann war am Lohntag in des einen Tüte
zuwenig Geld, und er begehrte auf.
Der andre riet ihm kummervoll zur Güte.
Doch man entließ den Bruder bald darauf.

Sie saßen sich beim Essen gegenüber
und hatten einen harten, lauten Streit.
Dann schwiegen sie den Rest der Mahlzeit über.
Seit dieser Stunde waren sie entzweit.

Der Arbeitslose mußte Arbeit suchen.
Erfolglos fragte er von Tor zu Tor.
Da sah er viele, hörte manchen fluchen –
und mancher kam ihm wie sein Bruder vor.

Die blieben still und hofften so auf Gnade.
Sie sahen ihn und wichen schnell zurück,
sie waren sich zum Bitten nicht zu schade.
Er hatte zuviel Stolz im Hungerblick.

Doch einer war, der paßte nicht zu diesen.
Der sah ihn an und sagte nur: Komm mit.
Der hat ihm einen Abend lang bewiesen,
warum es so war und wofür man stritt.

Sie wußten voneinander nicht die Namen.
Doch als sie schieden, war dem Jungen klar,
daß von den beiden, die in Frage kamen,
der Fremde da sein echter Bruder war.

Die Kirschenballade

In dem Land, wo warme Zeiten
kurz und leider selten sind,
wo sich Frost und Regen streiten,
reifen sie im Sommerwind.
Reifen sie im Sommerregen,
werden rot und süß und glatt,
danach pflückt man sie und bringt sie
fort in eine graue Stadt.

In der Stadt, so steht geschrieben,
haust ein großer, grauer Mann.
Dem ist so viel Macht gegeben,
daß er alles haben kann.
Dazu braucht er sehr viel Kräfte.
Deshalb bringt man in sein Haus
alle roten Kirschensäfte.
Ganz allein trinkt er sie aus.

Ganz allein. Und alle Kinder
sehen ihm beim Trinken zu.
Doch es schlürft der graue Schinder
seinen Saft in aller Ruh.
Durch die leeren grünen Bäume
streicht der kalte Regenwind,
bringt bis in des Schinders Träume,
daß die Kinder durstig sind.

Durstig sind sie, und es stört ihn,
daß sie nach den Kirschen schaun.
So befiehlt er, alle Bäume
an den Wurzeln abzuhaun.
Abzuhauen und zu bringen
in sein kaltes graues Haus.
Bald danach hört man ihn singen,
und er sieht zufrieden aus.

Seine Polizisten reiten
um sein großes Haus herum.
Sehen sie ein Kind von weitem,
schießen sie es einfach um.
Aber schon im nächsten Frühjahr
geht er ganz verwirrt umher.
Nun verflucht er seine Äxte,
denn die Bäume bleiben leer.

Leer wie seine grauen Adern,
die nun ohne Kirschblut sind.
Schwach liegt er in seinen Federn,
langsam wird er stumm und blind.
Heulend liegt er bis zum Morgen
in dem stillen grauen Haus,
und an diesem grauen Morgen
tragen sie ihn tot hinaus.

Wo man für ihn Kirschen preßte,
in ein Loch, zur letzten Ruh,
wirft man eilig seine Reste.
Nur die Kinder schauen zu.
Schauen zu, und mit den weißen,
nackten Kernen in der Hand
sieht man sie am Abend spielen,
spielen sie damit im Sand.

In dem Land, wo warme Zeiten
kurz und leider selten sind,
blühen über allen Weiten
Kirschen weiß im Sommerwind.
Reifen bald im Sommerregen,
werden rot und süß und glatt,
und dann pflückt man sie und bringt sie
allen Kindern in der Stadt.

Gedichte erzählen –
so kündigte sich diese Auswahl an. Was nun – sei rückblickend gefragt – wurde denn da erzählt? Was für würdig befunden, weitergesagt zu werden?

„Kleine Geschichte" nannte Detlev von Liliencron eins seiner Gedichte. Und Geschichten lasen wir hier, kurze zumeist, aber sie klein zu nennen, wäre wohl nicht recht. Sind es doch zumeist Nachrichten von großem Geschehen: Heldentaten werden besungen, Mut, Stolz, Aufrichtigkeit und Tapferkeit geehrt; auch wenn des bescheidenen oder pflichterfüllten Lebens gedacht wird, wird Größe sichtbar gemacht und gewürdigt. Dem braven Mann gilt das preisende Lied wie der alten Waschfrau. Allezeit hatte das erzählende Gedicht sich das Gedächtnis für die Historie erhalten. Aus grauer Vorzeit lesen wir und aus unseren Tagen. Die sagenhafte Figur Siegfrieds wie die Grenadiere, die für ihren Kaiser Napoleon kämpften, oder die eindrucksvolle Gestalt des Genossen Brosowski aus dem Mansfeldischen sind über die Zeiten hinweg durch das Wort des Dichters lebendig. – Vieles ist aus der Sage herübergetragen. In „Das Riesenspielzeug" etwa ist solch ein Stoff aufgegriffen worden oder – um ein anderes Beispiel zu nennen – in „Der König in Thule". –

Schönes und Schreckliches wird erfahren und gern auch das Schaurige und Gespenstische. Von alldem hat unsere kleine Auswahl das Schwierigste und Düsterste zu meiden gesucht und lieber bevorzugt weniger Beschwerendes aufgenommen, vor allem möglichst zahlreich Gedichte, die von Kindern erzählen, von Töchtern und Söhnen, und da gab es erstaunlich viele.

Gedichte erzählen ist hier ein wenig verlegen als Umschreibung für Ballade, Legende, Erzählgedicht oder auch für einfach liedhaft berichtende Gedichte eingesetzt. Die Ballade, eine der bedeutenden Dichtungsarten, heißt es, erzählt in knapper, spannender Form von dramatischen, oftmals düsteren und tragischen Geschehnissen. In letzter Zeit wird dieser Charakterisierung zwar nicht mehr so genau gefolgt, die Dichter versuchen, den Begriff mit neuem Leben zu erfüllen, aber so ganz wird die Ballade, von Bürger, Goethe und Schiller geprägt, ihr Gesicht nicht verändern können. So steht sie hier im weitgefaßten Rahmen, eine der großen Formen der Dichtkunst, mit Erzählgedichten zusammen, die durch leichtere, feinste Nuancierungen gleicherweise einprägsam sind.

Daß die Gedichte nach Dichtern und deren Lebenschronologie geordnet erscheinen, mag den Sinn für Zeitläufte und deren Vorliebe für Stoffe und Ausdrucksweisen wecken. In großen Schritten gehen wir von Bürgers im Jahre 1787 entstandenem Gedicht „Die Schatzgräber" bis in die Gegenwart, die sich nur sparsam anzeigt und der sorgfältigeren Beobachtung in anderen Ausgaben vorbehalten bleibt.

E. G.

Inhaltsverzeichnis nach Gedichtanfängen

Als er Siebzig war und war gebrechlich (B. Brecht)   120
Auf, Meister, auf und baue mir (G. Schwab)   42
Aus der Zeit, als sich Besitz noch lohnte (H. Kahlau)   134
Burg Niedeck ist im Elsaß der Sage wohlbekannt (A. v. Chamisso)   26
Das Mägdlein spielt auf dem grünen Rain (J. Loewenberg)   104
Das Wasser rauscht', das Wasser schwoll (J. W. v. Goethe)   11
Der Offizier rief: Grabt den Juden ein (J. R. Becher)   116
Der Reiter reitet durchs helle Tal (G. Schwab)   40
Der Stoffel wankte frohbewegt (W. Busch)   93
Des Wassermanns sein Töchterlein (E. Mörike)   70
Die ersten Veilchen waren schon (G. Keller)   82
Die Mitternacht zog näher schon (H. Heine)   50
Die Thadener zu Hanerau (A. Kopisch)   60
Drei Zigeuner fand ich einmal (N. Lenau)   62
Dunkel, Dunkel im Moor (A. v. Droste-Hülshoff)   46
Du siehst geschäftig bei dem Linnen (A. v. Chamisso)   31
Ein kleines Mädchen von sechs, sieben Jahren (D. v. Liliencron)   96
Ein Werwolf eines Nachts entwich (Ch. Morgenstern)   112
Ein Winzer, der am Tode lag (G. A. Bürger)   5
Es geht durch die Nacht (E. Weinert)   114
Es gingen drei Jäger wohl auf die Pirsch (L. Uhland)   37
Es klippt auf den Gassen im Mondenschein (Th. Storm)   77
Es lebte Herr Kunz von Karfunkel (D. v. Liliencron)   99
Es stand in alten Zeiten (L. Uhland)   33
Es wallt das Korn weit in die Runde (G. Keller)   81
Es war die erste Maiennacht (W. Busch)   95
Es war ein alter Ritter (P. Hacks)   129
Es war ein König in Thule (J. W. v. Goethe)   9
Es war einmal ein Landsknecht (P. Hacks)   130
Frühsommer war's, am Nachmittag (D. v. Liliencron)   97

Ging ein Knabe neulich (H. Hoffmann v. Fallersleben) 53
Hans, der soeben in der Stadt (W. Busch) 94
Hast du das Schloß gesehen (L. Uhland) 36
Hat der alte Hexenmeister (J. W. v. Goethe) 14
Herr Hardesvogt, vom Whisttisch weg (D. v. Liliencron) 101
Herr von Ribbeck auf Ribbeck im Havelland (Th. Fontane) 85
Hoch klingt das Lied vom braven Mann (G. A. Bürger) 6
Hol über! rufen die Reisenden (P. Hacks) 132
Ich weiß nicht, was soll es bedeuten (H. Heine) 48
In dem Land, wo warme Zeiten (H. Kahlau) 136
In der Sonne vor dem Hause (G. Keller) 84
In einem kühlen Grunde (J. v. Eichendorff) 38
In Krippstedt wies ein Schneiderjunge (A. Kopisch) 57
In Mansfeld war's vor Jahren (St. Hermlin) 127
In seinem Zaun das Känguruh (Ch. Morgenstern) 110
Jan Boje wünscht sich lange schon (O. Ernst) 107
John Maynard! Wer ist John Maynard (Th. Fontane) 86
Jung Siegfried war ein stolzer Knab' (L. Uhland) 32
Krachen und Heulen und berstende Nacht (O. Ernst) 108
Liebe Kinder, wißt ihr, wo (C. F. Meyer) 89
Lieblich war die Maiennacht (N. Lenau) 64
Nach Frankreich zogen zwei Grenadier' (H. Heine) 52
Nun werden grün die Brombeerhecken (F. Freiligrath) 72
Oftmals wurde geehrt und ausgiebig (B. Brecht) 117
Olivenbäume vor Castellón (E. Arendt) 124
O schaurig ist's, übers Moor zu gehn (A. v. Droste-Hülshoff) 44
Palmström hat nicht Speck im Haus (Ch. Morgenstern) 111
Schau ich in die tiefste Ferne (F. Hebbel) 74
Sehet ihr am Fensterlein (E. Mörike) 69
Sie saßen sich beim Essen gegenüber (H. Kahlau) 135
Und soll ich nach Philisterart (A. v. Chamisso) 29
Vergangnen Maitag brachte meine Katze (Th. Storm) 76
Vom Berge was kommt dort um Mitternacht spät (E. Mörike) 68

Vor seinem Löwengarten (F. v. Schiller) 24
Was hör ich draußen vor dem Tor (J. W. von Goethe) 10
Wer reitet so spät durch Nacht und Wind (J. W. v. Goethe) 12
Wer wagt es, Rittersmann oder Knapp (F. v. Schiller) 16
Wie heißt König Ringangs Töchterlein (E. Mörike) 67
Wie war zu Köln es doch vordem (A. Kopisch) 54
Wo gehst du hin, du schönes Kind (E. Mörike) 66
Wohl unter der Linde erklingt die Musik (H. Heine) 50

Inhaltsverzeichnis

Arendt, Erich (1903–1984)
    Ballade von der Selbsthilfe 124
Becher, Johannes R. (1891–1958)
    Ballade von den Dreien 116
Brecht, Bertolt (1898–1956)
    Die Teppichweber von Kujan-Bulak ehren Lenin 117
    Legende von der Entstehung des Buches Taoteking 120
Bürger, Gottfried August (1747–1794)
    Die Schatzgräber 5
    Das Lied vom braven Mann 6
Busch, Wilhelm (1832–1908)
    Der Schatz 93
    Der Begleiter 94
    Fuchs und Gans 95
Chamisso, Adelbert von (1781–1838)
    Das Riesenspielzeug 26
    Der rechte Barbier 29
    Die alte Waschfrau 31

Droste-Hülshoff, Annette von (1797–1848)
    Der Knabe im Moor 44
    Das Hirtenfeuer 46
Eichendorff, Joseph von (1788–1857)
    Das zerbrochene Ringlein 38
Ernst, Otto (1862–1926)
    Lütt Jan 107
    Nis Randers 108
Fontane, Theodor (1819–1898)
    Herr von Ribbeck auf Ribbeck 85
    John Maynard 86
Freiligrath, Ferdinand (1810–1876)
    Aus dem schlesischen Gebirge 72
Goethe, Johann Wolfgang von (1749–1832)
    Der König in Thule 9
    Der Sänger 10
    Der Fischer 11
    Erlkönig 12
    Der Zauberlehrling 14

Hacks, Peter (geb. 1928)
    Ballade vom schweren Leben des Ritters Kauz
       vom Rabensee   129
    Ladislaus und Komkarlinchen   130
    Der Fährmann von Mautern   132
Hebbel, Friedrich (1813–1863)
    Schau ich in die tiefste Ferne   74
Heine, Heinrich (1797–1856)
    Lorelei   48
    Begegnung   50
    Belsazar   50
    Die Grenadiere   52
Hermlin, Stephan (geb. 1915)
    Die Fahne von Kriwoj Rog   127
Hoffmann von Fallersleben, Heinrich (1798–1874)
    Der große Hund   53
Kahlau, Heinz (geb. 1931)
    Legende   134
    Die Brüder   135
    Die Kirschenballade   136
Keller, Gottfried (1819–1890)
    Sommernacht   81
    Der Taugenichts   82
    Spiel der Murmeltiere   84
Kopisch, August (1799–1853)
    Die Heinzelmännchen   54
    Der Schneiderjunge von Krippstedt   57
    Das grüne Tier und die Naturkenner   60
Lenau, Nikolaus (1802–1850)
    Die drei Zigeuner   62
    Der Postillion   64
Liliencron, Detlev von (1844–1909)
    Das Kind mit dem Gravensteiner   96
    Kleine Geschichte   97
    Ballade in U-Dur   99
    Der Heidebrand   101
Loewenberg, Jakob (1856–1929)
    Die Roggenmuhme   104
Meyer, Conrad Ferdinand (1825–1898)
    Fingerhütchen   89
Morgenstern, Christian (1871–1914)
    Der Sperling und das Känguruh   110
    Die Mausefalle   111
    Der Werwolf   112
Mörike, Eduard (1804–1875)
    Ritterliche Werbung   66
    Schön-Rohtraut   67
    Die Geister am Mummelsee   68
    Der Feuerreiter   69
    Nixe Binsefuß   70
Schiller, Friedrich von (1759–1805)
    Der Taucher   16
    Der Handschuh   24
Schwab, Gustav (1792–1850)
    Der Reiter und der Bodensee   40
    Der Burgbau   42
Storm, Theodor (1817–1888)
    Von Katzen   76
    In Bulemanns Haus   77
Uhland, Ludwig (1787–1862)
    Siegfrieds Schwert   32
    Des Sängers Fluch   33
    Das Schloß am Meer   36
    Der weiße Hirsch   37
Weinert, Erich (1890–1953)
    John Scheer und Genossen   114
Gedichte erzählen   139
Inhaltsverzeichnis nach Gedichtanfängen   140
Quellennachweis   144

Für die Gedichte von Johannes R. Becher, Bertolt Brecht,
Erich Weinert und Heinz Kahlau erteilte der Aufbau-Verlag Berlin und Weimar,
für die Ballade von Erich Arendt der Hinstorff Verlag Rostock
freundlicherweise die Genehmigung zum Druck.

ISBN 3-358-00349-3

1. Auflage 1989
© DER KINDERBUCHVERLAG BERLIN – DDR 1989
Lizenz-Nr. 304-270/97/89
Typografie: Hannelore Teutsch
Gesamtherstellung: Grafischer Großbetrieb Sachsendruck Plauen
LSV 7614
Für Leser von 11 Jahren an
Bestell-Nr. 632 660 4
01520